O.W. BARTH

Cornelia Schwarz | Stephan Schwarz

mit Shirley Michaela Seul

BUDDHA COACHING

Spirituell und erfolgreich
in Leben und Beruf

O.W. BARTH

Besuchen Sie uns im Internet:
www.ow-barth.de

Aus Verantwortung für die Umwelt hat sich die Verlagsgruppe Droemer Knaur zu einer nachhaltigen Buchproduktion verpflichtet. Der bewusste Umgang mit unseren Ressourcen, der Schutz unseres Klimas und der Natur gehören zu unseren obersten Unternehmenszielen. Gemeinsam mit unseren Partnern und Lieferanten setzen wir uns für eine klimaneutrale Buchproduktion ein, die den Erwerb von Klimazertifikaten zur Kompensation des CO_2-Ausstoßes einschließt. Weitere Informationen finden Sie unter: www.klimaneutralerverlag.de

FSC www.fsc.org MIX Papier aus verantwortungsvollen Quellen FSC® C014496

Originalausgabe Mai 2022
O.W. Barth

Ein Imprint der Verlagsgruppe
Droemer Knaur GmbH & Co. KG, München

Redaktion: Ralf Lay
Covergestaltung: buxdesign | Ruth Botzenhardt
Coverabbildung: Leontura/DigitalVision Vectors/Getty Images
Satz: Adobe InDesign im Verlag
Coverabbildung und Abbildung im Innenteil:
Leontura/DigitalVision Vectors/Getty Images;
designerx/Shutterstock.com
Druck und Bindung: GGP Media GmbH, Pößneck
ISBN 978-3-426-29322-5

2 4 5 3 1

Gewidmet unserer geliebten Sangha und allen,
die auf dem Weg der inneren Revolution sind,
unermüdlich und beharrlich Liebe zu leben.

Never give up!

INHALT

BUDDHA-COACHING – BASIS ERFOLGREICHER UNTERNEHMEN

Geschäftlicher Erfolg und geistige Entwicklung – ist das miteinander vereinbar? Oder muss man, um beruflich erfolgreich zu sein, bei den eigenen Werten ein Auge zudrücken? Im Spannungsfeld zwischen guten Absichten und der harten Realität bleiben Ideale bekannterweise häufig auf der Strecke. Ist das als unabänderlich zu akzeptieren, wenn man Erfolg anstrebt? Oder gibt es einen Plan B?

Sie halten ihn in den Händen. Der Plan B heißt »Buddha-Coaching«, und wer ihm folgt, schmälert seinen Erfolg gewiss nicht, denn wirklich Großes schaffen wir durch Verbindung anstatt Trennung. In den letzten Jahren wird es immer deutlicher: Menschen wollen nicht leben, um zu arbeiten, sondern suchen nach Lebensqualität und Sinnhaftigkeit in allen Aspekten ihres Daseins.

Im Buddha-Coaching öffnen wir eine neue Perspektive. Coach und Klient befinden sich durch die buddhistische Psychologie in einem erweiterten Wahrnehmungsraum. Man kann unsere besondere Herangehensweise mit der Schulmedizin und der komplementären Medizin vergleichen. In der Schulmedizin bekommt man eine Tablette für das Problem, in der komplementären Medizin behandelt man das ganze System.

Im herkömmlichen Coaching wird oft nur ein bisschen an der Persönlichkeit herumgebastelt, damit dann alles wieder gut ist, das heißt die Mitarbeiter, das Team wieder funktionieren. Denn darauf kommt es doch an? Tatsächlich? Im Buddha-Coaching setzen wir andere Ziele, die die herkömmlichen jedoch mit einschließen, mit dem Unterschied, dass sie schneller und leichter und vor allem auf einem direkten Weg erreicht werden. Das kommt vielen Menschen sehr zugute, denn wir wollen ja alle immer schneller und größer und weiter und höher und breiter und besser werden, und das bitte gleichzeitig. Obwohl sich viele Unternehmen eine Work-Life-Balance auf die Fahne schreiben, steigt der Druck. Abschalten scheint kaum mehr möglich, alles soll jetzt gleich geschehen, und zwar perfekt. Dieser Zwang zum Perfektionismus hat eine epidemische Ebene erreicht, so diagnostiziert der Wiener Psychiater Professor Raphael Bonelli.

Da wir Menschen sind, keine Maschinen, werden wir nie fertig, bleibt vieles liegen. Wir müssen uns also noch mehr anstrengen, überall. Denn wir sind ja nicht nur berufstätig, wir sind vielleicht auch Eltern, möchten Quality Time mit unseren Kindern verbringen, den Freundeskreis pflegen und Hobbys, uns um die eigenen Eltern kümmern, gut ernähren und Sport treiben, immer auf dem Laufenden halten und idealerweise total entspannt sein. Denn Stress macht krank und zeigt peinlich deutlich, dass man beim Zeitmanagement versagt hat. Versagen jedoch ist das Schlimmste. Versagen darf nicht sein in unserer Leistungsgesellschaft, in der wir anderen mit kreativen Posts pausenlos beweisen, dass wir noch da sind und wie gut es uns geht. Auf jeden Fall besser als anderen, was ganz schön zeitaufwendig ist, weshalb wir mit unserer Quality Time noch tiefer ins Minus rutschen. Aber dadurch, dass die anderen hoffentlich sehen, wie gut es uns geht, und das idealerweise liken, auch wenn sie hoffentlich grün vor Neid werden, erhalten wir unsere Daseinsberechtigung. So findet das Leben größtenteils in der Außenwelt statt. Es gibt da aber noch etwas anderes, das Entscheidende nämlich: die Innenwelt. Dort befindet sich alles, was wir brauchen, um dem täglichen Wahnsinn standzuhalten, und mehr noch: ihn mit allen Sinnen zu genießen. Denn das Genießen bedarf des Anhaltens, der Muße, und von der Muse wird nur geküsst, wer auch präsent ist.

Buddha-Coaching ist kein Notausgang, sondern ein Tor zum Licht, wie wir es seit Jahrzehnten bei unseren Klienten erleben.

Als Go-between zwischen zwei Welten – »Business & Buddha« – geben wir unser Wissen und unsere Erfahrungen weiter und arbeiten kontinuierlich an der Fortentwicklung. Im Lauf der Zeit haben wir Neuroscience-Formate entwickelt, wie Führungskräfte die buddhistische Lehre in ihren Alltag einfließen lassen können.

Räucherstäbchen im Konferenzraum? Tee statt Kaffee? Gemeinsames OM-Singen vor der Besprechung? Nun, Letzteres könnte interessant sein, und vermutlich würde die Besprechung dann anders ablaufen, vielleicht könnte es sogar gelingen, Dampfplauderer zum Schweigen zu bringen. Aber nein, dazu gibt es elegante Lösungen. Keine Räucherstäbchen, sondern klare Leitlinien, wie sie auch jedes Unternehmen kennt. Buddha-Coaching ist nichts Nebulöses, sondern eine sonnenklare Linie, indem es die spirituelle Dimension miteinbezieht, anstatt lediglich auf der Persönlichkeitsebene zu bleiben. Im Buddha-Coaching erkennen wir im ersten Schritt die Probleme wie in einer klassischen Psychotherapie, um im zweiten Schritt die blockierenden Teilpersönlichkeiten zu transformieren, die in uns allen stecken. Ohne diesen zweiten Schritt würden wir immer wieder in die alten Verhaltensmuster zurückfallen. Und so ist es ja auch, sonst gäbe es nicht so viele Coaches, die den Klienten immer wieder das Gleiche erzählen, was dann eine Weile wirkt, bis die bekannten Probleme, wenn auch in anderem Gewand, neu starten: weil sie nicht transformiert wurden.

Gregory Bateson, ein angloamerikanischer Anthropologe, Biologe, Sozialwissenschaftler, Kybernetiker und Philosoph, bringt es wie Albert Einstein auf einen Nenner, wenn er formuliert, dass man ein Problem nicht auf der Ebene lösen kann, auf der es entstanden ist. Angenommen, wir haben Schwierigkeiten mit unseren negativen Überzeugungen, so können wir dies nicht lösen, indem wir eine Überzeugung verändern. Um das Problem zu lösen, müssen wir es von der nächsthöheren Ebene aus betrachten und analysieren. Im Buddha-Coaching ist unsere höhere Ebene die höchste: das Buddha-Feld, das wir im Kapitel »Wie das Buddha-Feld auf die Umgebung wirkt« beleuchten.

In den Religionen lautet die Schlüsselfrage: Glaubst du, oder glaubst du nicht? Wer nicht glaubt, beneidet manchmal die Gläubigen – haben sie es nicht viel leichter, weil sie sich in ein großes Ganzes gebettet fühlen können? Der Buddhismus ist keine Glaubensfrage, ja, genau genommen ursprünglich nicht einmal eine Religion, sondern eine Weisheitslehre. Die buddhistische Philosophie hat für alle Lebensfragen Antworten gefunden, sie entspringt keinem theoretischen Wissen, sondern praktischen Erfahrungen. Diese Erfahrungen kann jeder Mensch selbst machen, der sich für diesen Weg öffnet … und dann feststellen wird, wie schnell sich sein Leben zum Positiven verändert.

Im Buddha-Coaching öffnen wir das Bewusstsein für diese Dimensionen. Der Schlüssel dazu ist das Vertrauen in die Kraft der buddhistischen Weisheit und Buddha-Felder, die Sie in diesem Buch kennenlernen. Am Ende werden Sie eine bessere Führungskraft als heute sein.

Damit wir unsere Arbeit gut machen können, durch spirituelle Praxis, wie wir sie später schildern. Dann sind wir vom Buddha-Feld getragen und nicht allein mit uns selbst. Alles aus sich selbst heraus zu erreichen ist eine narzisstische Fantasie, alles im Griff zu haben, alles zwanghaft organisieren zu können. Und es ist ein Irrtum.

Hier sind zehn gute Gründe, sich mit Buddha-Coaching zu befassen:

1. Sie erweitern Ihr Wissen.
2. Sie werden weiser.
3. Sie werden klarer.

4. Sie sehen die Dinge aus einer anderen Perspektive.
5. Sie handeln lösungsorientierter.
6. Sie verlieren sich weniger in Dramen.
7. Sie sind weniger ängstlich durch eine bessere Selbstwahrnehmung.
8. Sie überbewerten Ihre eigenen Meinungen und Ihr Ego nicht, sondern diagnostizieren klar und prüfen, ob Sie den konstruktiven Gedanken in Ihrem eigenen Mind folgen oder eben nicht.
9. Sie lernen, differenziert zu denken und zu analysieren.
10. Sie übernehmen die Verantwortung dafür, was Sie anderen Menschen vorleben: *Walk the talk.*

Es ist im Grunde genommen ganz einfach: Einsteins Quantenfeldtheorie, mehr dazu später, ist die Basis für die Arbeit mit der Energie eines Buddha. Seine wissenschaftliche Untersuchung betraf jedoch die äußere Welt: Wie funktioniert sie, wie verhalten sich Teilchen und Wellen, wie beeinflussen sie sich gegenseitig? Albert Einstein und auch Nikola Tesla, ebenfalls Physiker, außerdem Erfinder, dem wir zahlreiche Neuerungen auf dem Gebiet der Elektrotechnik verdanken, interessierten sich als Erforscher der äußeren Welt dafür, wie alles miteinander zusammenhängt. Dasselbe hat Buddha getan, als Wissenschaftler für das Innere, wie dort alles zusammenhängt. Einstein und Tesla waren Forscher in der äußeren Welt. In der Quantenfeldtheorie treffen sich die beiden Welten. Es gibt sehr viele Parallelen zwischen ihnen, denn Einstein beschreibt ein Quantenfeld, das dem Feld der Leere, also der Leere im Buddhismus, sehr ähnlich ist. Die Energie des Buddha ist aber auch seine Lehre, seine Belehrungen. Wir haben die Verantwortung, mit unseren Energiesystemen im Inneren zu arbeiten.

Ganzheitliches Coaching mit buddhistischer Weisheit

Immer mehr Menschen fällt es schwer, neue Inhalte aufzunehmen, zuzuhören, ihre häufig festgefahrenen Meinungen zu hinterfragen und gegebenenfalls zu ändern. Oft müssen wir unsere Klienten und Seminarteilnehmer erst einmal »entmüllen«, wie wir es nennen, ehe wir ihnen neue Strategien vermitteln können. Wie wirksam diese innerliche Grundreinigung ist, zeigt die hohe Nachfrage nach unserem »Entmüllungsseminar«.

Sie schmunzeln? Das haben wir auch getan, als wir den Arbeitstitel dafür fanden. Vielleicht spüren auch Sie, dass Sie nicht zu wenig wissen, sondern eher zu viel; und unter dem vielen gibt es Ballast, der Ihnen nicht weiterhilft, sondern noch mehr Druck aufbaut. Also erst mal Detox. Coaching-Detox. Leer werden. Runterkommen. Atmen. Entspannen. Kontakt mit sich selbst aufnehmen. Unser Geist ist »vermüllt« wie nie zuvor durch die Flut der Informationen aus der Außenwelt, aber auch innere Bilder, Emotionen aus der Vergangenheit, eine Flut von Gedanken und vieles mehr, das uns hindert, uns mit unserer wahren Buddha-Natur zur verbinden. Wer bin ich eigentlich unter all dem Wust an Informationen und Müssen und Machen und Sollen und Wollen und ... Ängsten? Dass ich nicht genug draufhabe, andere besser sind, bei der Beförderung übergangen werde, als Unternehmer meinen mir anvertrauten Mitarbeitern nicht gerecht werde, falsche Entscheidungen treffe, mir nicht mehr sicher bin bei der Risikoeinschätzung für die nächste anstehende Investition oder daran zweifle, ob der Neubau des Office-Gebäudes nicht fast schon größenwahnsinnig ist ... und, und, und. Dabei weiß man doch eigentlich, wie es geht, wie man sich verhalten soll, man hat die einschlägigen Bücher gelesen und zig Seminare besucht. Aber wenn die Speicher voll sind, kann man nichts mehr draufladen.

Es geht uns da ein bisschen wie Ärzten, die ihre Patienten in der Konsultation zeitaufwendig von all den Falschinformationen befreien müssen, die sie bei Dr. Google gelesen haben. So wird aus einem harmlosen Pickel schwarzer Hautkrebs und aus einer unruhigen Nacht nach einer Party Leberzirrhose. In unser Business übertragen: Eigentlich würde ein freundliches und motivierendes Gespräch mit einem Mitarbeiter genügen, den man ein wenig aus den Augen verloren hat. Doch um alles gut und richtig zu machen, überfrachtet man das Gespräch mit utopischen Zielvorgaben mit dem Resultat, den Mitarbeiter völlig zu verunsichern und den Kontakt zu ihm gänzlich zu verlieren. Aber man hat es doch nur gut gemeint, man hat sich vorbereitet. Im Netz kann man alles, wirklich alles über Führungskräftecoaching im Besonderen und ein glückliches Leben im Allgemeinen finden. Aber bin ich die anderen, oder bin ich ich? Und wenn wir uns darauf einigen, dass ich ich bin, also wir wir sind, und Sie Sie sind … war's das schon, oder gibt es noch eine weitere Ebene? Dieser Frage widmen wir uns in diesem Buch und beantworten sie mit einem Ja. Ja, es gibt mehr, als wir ahnen. Und wenn wir diese höhere Ebene in unsere Entscheidungen, in unseren Alltag, ob beruflich oder privat, miteinbeziehen, haben wir die stärkste Unterstützung, die man sich nur wünschen kann, und werden auch unsere Mitarbeiter optimal fördern.

Die acht Grundlagen des Buddha-Coachings

1. Niemand rettet uns außer wir selbst. Wenn wir uns selbst nicht entscheiden, an uns zu arbeiten, wird niemand von außen kommen, der uns hilft. Wir müssen die Dinge selbst in die Hand nehmen. Das ist ein entscheidender Unterschied zu anderen Methoden, in denen man darauf hofft, von außen gerettet zu werden, von Menschen oder den Umständen. Im Buddha-Coaching haben wir verinnerlicht: Be the change you want to see in the world!

2. Wir sind, was wir denken und was wir fühlen. Alles, was wir sind, entsteht in unseren Gedanken. Mit unseren Gedanken erschaffen wir Gefühle, und unsere Gedanken und Gefühle gemeinsam erschaffen unsere Welt.
3. Wir sollten nicht zu viel in der Vergangenheit verweilen und nicht zu viel von der Zukunft träumen, sondern uns auf den Moment konzentrieren und in diesem Moment das Leben, genauso wie es in dem Moment ist, vollumfänglich annehmen.
4. Wenn wir ein Problem haben, versuchen wir es zu lösen. Wir können es aber auch als eine Herausforderung sehen, an der wir wachsen und uns weiterentwickeln. Können wir das Problem nicht lösen, ist die buddhistische Sichtweise die folgende: Das Leben ist leidvoll, und eine Situation oder ein Problem anzunehmen ist angemessen. Alles andere, also im Widerstand zum Problem »verhaften«, wäre selbst kreiertes Leid.
5. Es geht nicht darum, das Leben als Problem zu sehen, das es zu lösen gilt, sondern das Leben ist eine Wirklichkeit, die es zu erfahren, ein Geschenk, das es anzunehmen gilt. Wir sind nicht Opfer der Umstände! Wir sind die Gestalter des Lebens.
6. Wenn du wissen willst, wer du warst, dann schau, wer du bist. Wenn du wissen willst, wer du sein wirst, dann schau, was du jetzt denkst, und beobachte dein Tun.
7. Übernimm die Verantwortung für dein Leben und erkenne die Zusammenhänge: dass die Vergangenheit die Gegenwart und die Gegenwart die Zukunft bestimmt.
8. Lerne loslassen, das ist der Schlüssel zum Glück, sagt Buddha.

Unser Ansatz ist wie gesagt ganzheitlich. Buddha-Coaching repariert kein Verhalten des Menschen, damit er wieder funktioniert im Sinne von schwarzen Zahlen. Diese Art der Reparatur wäre auch sehr kurzfristig gedacht. Selbstverständlich ist unser Ansatz auch systemisch, und es zeigt sich immer wieder: Wenn sich ein Mensch entwickelt, verändert sich das System um ihn herum. Nichts kann isoliert betrachtet werden. Wenn sich das Klima in nur einer Abteilung verbessert, hat das Auswirkungen auf die ganze Firma. Es ist stets aufs Neue faszinierend zu beobachten, wie Veränderungen im Kleinen das große Ganze beeinflussen. Wie der Stein, der ins Wasser fällt und bis ans Ufer wellt in immer größeren Kreisen.

Der Atem des Buddha-Coachings reicht für viele Generationen eines Unternehmens, rechnet man die buddhistische Lehre von Karma und Reinkarnation mit ein. Nur wenn wir den ganzen Menschen als fühlendes Wesen im Blick haben – und im Herzen –, erreichen wir langfristig unser aller Wohl.

Bevor wir richtig einsteigen, noch kurz ein paar Sätze zu uns:

Wir haben uns vor über dreißig Jahren auf einer Fortbildung kennengelernt und zu unserer großen Verblüffung festgestellt, dass wir eine Vision teilen. Das Wort »Buddha-Coaching« hatten wir noch nicht dafür gefunden, doch wir waren beseelt von Buddha und Coaching. Voller Begeisterung verliebten wir uns auch noch ineinander, heirateten und trennten uns nach zehn Jahren als Paar. Seither sind wir glücklich geschieden, Geschäftspartner und Freunde, ja Seelengefährten. Dass das geklappt hat, verdanken wir auch dem Buddha-Coaching, denn es wirkt ebenso im Privatleben. Heute führen wir gemeinsam die Leadership-Akademie in Konstanz am Bodensee. Wir haben beide zahlreiche Ausbildungen absolviert.

Cornelia begann ihre berufliche Karriere im Human-Resources-Bereich eines internationalen Unternehmens und absolvierte diverse Ausbildungen bei verschiedenen Koryphäen in dem Bereich NLP als Lehrtrainer und Rhetorik-Coach sowie als Meditationslehrerin. Stephan hat Theologie, Psychologie und Pädagogik studiert. Er machte seine Ausbildung beim Gründer des Neuro-Linguistischen Programmierens (NLP), Richard Bandler, in USA und war der jüngste Lehrtrainer Deutschlands.

Seit dreißig Jahren trainieren wir vor allem Unternehmer und Führungskräfte in mittelständischen Betrieben mit einem Schwerpunkt auf konkreten Führungsstrategien und intensiver Persönlichkeitsentwicklung. Ferner unterrichten wir buddhistische Psychologie und arbeiten im Team, aber auch einzeln als Autoren.

Dieses Buch schreiben wir gemeinsam, es wird aber trotzdem hin und wieder ein »Ich« geben. Nehmen Sie das nicht wörtlich, das Ich ist ja sowieso nur ein Beispiel. Und im Coaching verschwindet es idealerweise. Das bedeutet, wenn wir coachen, sind wir nicht die Personen Cornelia und Stephan, sondern Werkzeuge des Buddha-Feldes. Unser Geist arbeitet mit der Weisheit und den Methoden eines Buddha. So erhalten wir tiefere Einsichten über die Zusammenhänge wie auch unsere Klienten, für die sich eine neue Dimension eröffnet, in der sie lernen, nicht nur besser mit ihren persönlichen und beruflichen Problemen umzugehen, sondern insgesamt ihren Geist zu entwickeln.

Weitsichtig und weise mit Buddha

Der Buddha gilt weltweit als Symbol für den Geist der Gelassenheit, der Zentriertheit, des Leuchtenden und hoher Intelligenz. Er symbolisiert das Vollkommene in uns, das naturgegeben da ist – unsere Buddha-Natur –, das wir aber in der Hektik des Alltags vergessen haben. Im Buddha-Coaching erinnern wir uns daran und werden uns dieser inneren Weisheit bewusst, die wir anzapfen können, um eine neue Sicht auf die Dinge und unsere Mitmenschen zu gewinnen.

Diese Wahrheit drückt sich in einer wunderschönen Geschichte aus Thailand aus, die auch Tara Brach in ihrem aktuellen Buch *Lass den goldenen Buddha in dir strahlen* erzählt:

Mitte der Fünfzigerjahre bekam eine riesige Tonstatue Buddhas in Bangkok wegen der Hitze und Trockenheit Risse. Um den Schaden genauer zu untersuchen, leuchteten Mönche mit einer Taschenlampe in den größten Riss, wo sie etwas Erstaunliches entdeckten: Tief unter der grauen Masse schimmerte es golden.

Niemand hatte geahnt, dass sich in der bekannten, aber nicht weiter bemerkenswerten Statue ein Buddha aus purem Gold verbarg. Wie sich herausstellte, war dieser sechshundert Jahre zuvor mit Ton und Gips umhüllt worden, um ihn vor einer ins Land eingefallenen Armee zu schützen. Die Mönche, die seinerzeit im Kloster lebten, waren bei dem folgenden Angriff getötet worden, doch da die Schönheit und der Wert des goldenen Buddhas verborgen geblieben war, hatte er unversehrt überlebt.

Und so verdecken auch wir unsere goldenen Seiten oft, wenn wir auf die Herausforderungen der Welt treffen. In der Kindheit wurden viele von uns kritisiert, ignoriert, missverstanden oder missbraucht, was uns dazu gebracht hat, das Gold in unserem Inneren in Zweifel zu ziehen. In der Jugend verinnerlichen wir zunehmend die Urteile und Werte unserer Gesellschaft, vielleicht bis eine Krise unsere Perspektive verändert.

Jeder von uns erlebt heftige Monsune, die als Katastrophen in unser Leben brechen. Krankheiten, Todesfälle, Trennungen genauso wie Mobbing, Existenzängste, Pleiten. Auch kleinere Güsse können große Sorgen bereiten, ein grauenhafter Chef, schlechte Stimmung im Büro, Erfolgsdruck … Buddha-Coaching ist ein universelles »Heil«mittel, denn damit steigen wir aus dem alltäglichen Hickhack aus und lösen die Probleme aus einer anderen Perspektive: von der höchsten Ebene. Die höchste Ebene ist ein Feld purer Energie, Weisheit und Mitgefühl. Vor allem wird uns bewusst, was wir uns selbst damit antun, wenn wir an unserem Stress und Ärger festhalten. Genügt es nicht, den cholerischen Chef bei der Morgenbesprechung zu sehen? Muss man ihn auch noch den ganzen Tag über sprechen und ihn abends mit nach Hause nehmen und seiner Familie beim Abendessen die Laune mit ihm verderben? Von der eigenen ganz zu schweigen?

»Warum kündigst du nicht?«

… Ja, wenn es so einfach wäre. Im Grunde genommen ist es einfach, oft ohne Kündigung des Jobs. Es genügt eine Kündigung der eigenen nicht förderlichen Haltung zu den Dingen. Das schreibt sich leicht, denken Sie jetzt vielleicht, wenn Sie selbst gerade in einer schwierigen Situation sind. Doch wir befinden uns am Anfang dieses Buches, bevor Sie Ihr WiFi in die göttliche Cloud aktiviert haben. Auf den folgenden Seiten werden Sie lernen, Ihre Fritz!Box einzuschalten … und dann geht zwar nicht alles wie von selbst, aber deutlich leichter, so berichten es unsere Seminarteilnehmer und Klienten nach dem Einzelcoaching.

Beim Buddha-Coaching sind wir uns darüber bewusst, was wir tun und warum wir es tun und dass wir die Verantwortung für unser Handeln tragen, nicht die anderen, damit sie schuld sind, wenn es uns schlecht geht. Wir bestimmen selbst, wie es uns geht, denn im Buddha-Coaching schulen wir unseren Geist und entwickeln unsere Persönlichkeit – für Erfüllung im ganzen Leben, beruflich und privat.

Viele Teilnehmer haben ein Aha-Erlebnis, wenn sie begreifen, welche Folgen ihr Fluchtverhalten langfristig nicht nur für sie selbst hat. Wenn sie der Verzweiflung nichts entgegensetzen können, die sie morgens um drei Uhr aufwachen lässt, während die Leber sich reinigt, was einhergeht mit einem Gefühl der Hoffnungslosigkeit und Hilflosigkeit. Und Einsamkeit. Sehr große Einsamkeit. Denn wem soll man das erzählen und wie? Es ist nur ein Gefühl. Dass alles gar nicht so rosig ist, wie es im Tageslicht scheint. *Ich bin doch nicht auf der Welt, um nur zu funktionieren.* Aber dann schläft man wieder ein und reißt sich morgens unter der Dusche zusammen. Natürlich wird man den Tag wuppen und den nächsten und den nächsten und den nächsten. Das ist aber zu kurz gedacht, denn alles ist miteinander verbunden. Eine Tragik dieser Kurzsichtigkeit betrifft die Kinder solcher fleißigen Eltern. Kinder sind bis zum Alter von circa acht Jahren narzisstisch veranlagt. Sie beziehen alles auf sich. Erleben sie ihre Eltern als gestresst und unglücklich – auch wenn diese so tun, als wäre alles in Ordnung –, glauben die Kinder, sie wären schuld.

So sehen Sie, dass Buddha-Coaching im Job beginnen mag, doch dass es Auswirkungen auf alles hat. Alles hängt zusammen. Und da die Anforderungen an jeden Einzelnen immer heftiger werden, brauchen wir Strategien, sie zu bewältigen, und vor allem einen geschulten Geist als stabile Basis. Gerade jetzt, in einer Zeit großer gesellschaftlicher Veränderungen, benötigen wir eine innere Zuflucht, um nicht von einer »kollektiven Angststörung von nationaler Tragweite«, wie es der Leipziger Psychiater Professor Hans-Joachim Maaz diagnostiziert, weggerissen zu werden.

Im Buddha-Coaching denken wir neu, schauen um die Ecke und entdecken dann, dass alles leichter wird und freier, leuchtender, erfolgreicher, fließender, froher mit der höheren Ebene, auf die wir Sie mit diesem Buch einladen. Wir richten uns zwar an Führungskräfte, doch im Grunde profitiert jeder davon, überall. Häufig sind wir im Privatleben ungehaltener als in der Firma, wir lassen unseren Emotionen schneller freien

Lauf, gerade auch den negativen. Familie ist unkündbar. Da kann ich nicht rausfliegen, da kann ich mir was erlauben, sogar mal schreien, hysterisch werden oder den Teller an die Wand schmeißen. In der Firma müssen wir taktieren. Auf der Hut sein. Gewiss, diesen Chef kann ich menschlich nicht akzeptieren, oder ich finde ihn komplett unfähig, doch von ihm hängt meine Empfehlung für die Beförderung ab. Wie gehen wir mit dieser Zwangslage um, ohne daran zu zerbrechen oder unsere Seele zu verkaufen …? Ein Dilemma? Nein, es gibt eine Lösung. Lassen Sie uns zuerst einmal das Ziel definieren, wie Sie es vermutlich aus dem traditionellen Coaching kennen. Dann schauen wir um eine Ecke weiter, und die übernächste Ecke erkunden Sie schon ohne unsere Unterstützung, wenn Sie das Buddha-Coaching verinnerlicht haben.

Dürfen Buddhisten erfolgreich sein?

Als wir vor Jahrzehnten unsere Führungskräfte-Akademie gründeten, waren wir schon oft durch Asien gereist – auf der Suche nach dem Sinn, dem Glück, einer höheren Wahrheit. Auf unterschiedlichen spirituellen Wegen landeten wir durch gute Fügungen beim Buddhismus. Wir waren begeistert von der Bereicherung unseres alltäglichen Lebens durch den sich entfaltenden Geist. Die buddhistische Philosophie inspirierte auch unsere Seminare. Doch wir wollten niemanden verschrecken – am Ende befürchteten die Teilnehmer, wir beabsichtigten, sie für eine Sekte anzuwerben – zu einer Zeit, als Gartenzwerge noch nicht von Buddhastatuen abgelöst wurden. In den Neunzigerjahren meditierten auch weniger Menschen im Westen. Heute ist das spirituelle Gedankengut viel weiter verbreitet.

Was uns auch beschäftigte, war die Sache mit dem Geld. Unsere Seminare hatten großen Zulauf… »Durften« wir als Buddhisten überhaupt erfolgreich sein? Seinerzeit kursierten die einschlägigen Ja-aber-Glaubenssätze wie »Geld verdirbt den Charakter/macht nicht glücklich«. Sie kennen diese Sprüche. Alle waren sich einig, dass, wer auf Materielles setze, den Sinn des Lebens verpasse, aber alle wünschten sich gleichzeitig, beim Kartenspiel mit dabei zu sein: mein Haus, mein Boot, mein Auto. Ein hartes Entweder-oder zerrte an vielen Suchenden. Entweder Geld oder keins. Entweder glücklich und arm oder reich und einsam. Es fehlt das Sowohl-als-auch: reich und glücklich und vor allem innerlich zufrieden.

Buddha-Coaching bedeutet, zwei Bereiche zu koppeln, die mit Vorurteilen überfrachtet sind: den mit allen Wassern gewaschenen Anzugträger, in dessen Augen Dollarzeichen blinken, und den einfältigen Bedenkenträger, in dessen Augen Tränen blitzen ob des Elends in der Welt. Aber zumindest hat er ein Herz aus Gold statt aus Stein. Die Guten sind die Armen, die Bösen die Reichen? Wer je Hunger litt oder an Schlaflosigkeit oder Schmerzen, weiß, dass es nicht so einfach ist, sie zu ignorieren nach dem Motto: Die meditiere ich weg. Genug Geld zu haben bedeutet, dass man sich nicht den ganzen Tag Gedanken darüber machen muss, woher das Geld kommen soll. So bleibt mehr Zeit und Kraft für die spirituelle Praxis.

Ab welchem Kontostand gehörten wir zu den Bösen? Diese Frage beantwortete uns ein Lama während eines Meditationsretreats in Kathmandu, Nepal. Es war ein unvergesslicher Moment an der Stupa an diesem leuchtenden Februarmorgen unter einem strahlend blauen Himmel. Die Stupa ist symbolisch ausgedrückt das Quantenfeld eines intelligenten, klugen, mitverstehenden, weisen, erleuchteten Geistes. Um uns herum praktizierende Tibeter, die sich rezitierend, meditierend und voller Hingabe ihren Niederwerfungen widmeten.

Seit Tagen hatten wir Teilnehmer intensiv meditiert und uns vorbereitet auf den Besuch bei dem ehrwürdigen Kyabgon Phakchok Rinpoche. Wir waren alle sehr aufgeregt, als wir in sein Audienzzimmer geführt wurden. Teppiche bedeckten den Boden, wir bewunderten tibetische Holzschnitzereien und blieben schließlich andächtig vor einer großen Vitrine voller Buddhastatuen stehen, eine schöner als die andere. Und dann kam er herein, der ehrwürdige Kyabgon Phakchok Rinpoche. Seine warmherzige Präsenz durchflutete den Raum, jeder von uns war sofort berührt von dieser charismatischen Ausstrahlung, seinen leuchtenden Augen und seiner Heiterkeit. Er brachte so viel Frische mit und widmete sich freundlich und immer wieder scherzend unseren Fragen. Unter den Teilnehmern befanden sich mehrere erfolgreiche Unternehmer, und sie wollten wissen, wie sie mit dem Konflikt umgehen sollten, den sie zwischen Geld und buddhistischer Lehre vermuteten – nein, nicht vermuteten, sie setzten das als gegeben voraus, denn heißt es nicht, Geld verderbe den Charakter? Kyabgon Phakchok Rinpoche legte den Kopf schräg, schmunzelte und sagte: »You know, I am a business man.« Er erzählte uns von drei großen Geschäftsprojekten, und wie viel Freude es ihm bereite, dass sein wirtschaftlicher Erfolg sein Kloster finanzierte. »Make lots of money, be successful and do good for others«, gab er uns mit auf den Weg. Denn wenn wir »als Westler« zu wenig Geld verdienten, würden wir uns unserem Wesen nach ständig mit dem Thema »Geld« beschäftigen. Das lenke uns aber von unserer spirituellen Praxis ab. Also sollten wir genug Geld verdienen, um damit Sinnvolles zu tun, für uns selbst und für andere, das sei gesünder und zum Wohle von allen.

Warum ist es als Buddhist förderlich, im Business zu arbeiten?

1. Sie können am meisten für andere Leute tun, indem Sie ihnen Arbeit schaffen und die Möglichkeit, sinnerfüllt zu leben.
2. Mit den Gewinnen können Sie neue Unternehmen gründen oder in freie Kindergärten und Schulen investieren, die wirklich am Wohle und der Entwicklung der Kinder und Jugendlichen interessiert sind, oder Non-Profit-Firmen fördern oder Ihrer Familie oder Nachbarn eine tragende Säule sein.
3. Sie werden im Business als Leader am meisten mit sich selbst konfrontiert. Störende Gefühle, alte Erinnerungen, falsche Einstellungen, unentwickelte Teile Ihrer Persönlichkeit werden Ihnen bewusst, und Sie können sie transformieren. Dadurch haben Sie die Möglichkeit,

   - Ihre Stärken zu entdecken und sie auszubauen, sie zu entwickeln und großartig und exzellent werden zu lassen,
   - Ihre Visionen zu verwirklichen, weil Sie Ihr eigenes System aufbauen und freier agieren können,
   - Ihren Einfluss zum Wohle aller einzusetzen, um die Gesellschaft zu transformieren.

4. Am Ende Ihrer Laufbahn werden Sie auf ein erfülltes Leben zurückschauen und glücklich sein, vielen Menschen ein sinnorientiertes, sicheres und glücklicheres Leben ermöglicht zu haben.

Überspitzt gesagt könnte man anmerken, dass der Buddhismus die ideale Lebensform für Egoisten sei – mit der großen Nebenwirkung, dass es dann allen gut geht. Der Dalai-Lama formulierte es auf einem Kalachakra-Retreat, an dem wir 2011 teilnahmen, so: »Das Einzige, bei dem man wirklich Egoist sein darf, ist die eigene spirituelle Entwicklung.«

Der mittlere Weg

Woher kommt eigentlich die Erwartung, dass hohe Spiritualität mit niedrigem Kontostand einhergehen müsse? Aus einer anderen Tradition: dem Hinduismus und dem Weg der Yogis. Sich als Buddhist zu bezeichnen heißt nicht, dass man automatisch ein guter Mensch ist oder über anderen steht. Reich kann man auch ohne Geld sein und arm mit sehr viel. Das Paradox ist, wer sich nur dem Materiellen verschreibt und die Verbindung zum Göttlichen kappt, ist verloren, egal, wie hoch sein Kontostand sein mag. Was zählt, ist unsere innere Entwicklung, ob wir unser Potenzial entfalten. Ob wir mutig nach draußen gehen, Herausforderungen annehmen, weil wir weiterwachsen wollen, auch wenn wir mit Widerständen kämpfen und uns das schwerfällt. Was zählt, ist die Energie, die wir in diese Welt bringen. Es macht sehr wohl einen Unterschied, ob wir unseren Job tun, weil wir eine Hypothek auf unser Eigenheim abbezahlen, oder weil wir darin eine Sinnhaftigkeit sehen – auch wenn die Tilgungsrate die gleiche ist. Letztlich geht es um die Frage: Wie bringen wir unseren Geist zum Leuchten? Das ist das Symbol des Buddha: der leuchtende, der erleuchtete Geist.

Siddhartha, der spätere Buddha, wurde als Sohn eines Herrschers geboren und wuchs wohlbehütet im Königreich seiner Eltern auf. Neunundzwanzig Jahre lang war er von Schönheit umgeben – wir würden heute sagen: lebte er im Luxus – und wurde unter der Obhut seines Vaters von allem Leid verschont, das zum Leben gehört. Eines Tages machte Siddhartha einen Ausflug, bei dem er Menschen begegnete, die er noch nie gesehen hatte: einen Greis, einen Fiebererkrankten, einen Leichnam und einen Wandermönch. Diese Begegnungen machten ihm bewusst, dass kein Mensch vor Krankheit, Alter und Tod verschont bleibt.

Am meisten beeindruckte ihn der Mönch. Er strahlte Frieden aus, Klarheit und Präsenz. Diese innere Ruhe berührte Siddhartha in der Tiefe seines Herzens, und er beschloss, sein bisheriges Leben aufzugeben und das Wesentliche zu suchen. Sechs Jahre lang wanderte Siddhartha durch das Land und suchte die großen Meister seiner Zeit auf. Bei ihnen lernte er verschiedene Arten der Meditation.

Als ihm kein Meister mehr Neues vermitteln konnte, suchte er seinen eigenen Weg. Er fastete, um seine körperlichen Bedürfnisse zu überwinden. Als er bis aufs Skelett abgemagert war, realisierte er, dass ein schwacher, kraftloser Körper ihn bei seiner Suche im Stich lassen würde. Er wandte sich von der Askese ab und richtete seinen Fokus auf die Meditation. Seine Gefährten, die ihn auf den Weg der Askese begleitet hatten, nahmen ihm die Entscheidung übel, sich von der Entsagung zu lösen. Doch Siddhartha hatte erkannt, dass die vollkommene innere Freiheit nur über den mittleren Weg, wie er im Buddhismus genannt wird, zu erlangen ist. Weder das feudale Leben am Hof seines Vaters noch die selbst auferlegten Beschränkungen hatten ihn in die Freiheit geführt, die er nun auf dem mittleren Weg fand.

Das Streben nach diesem mittleren Weg wollten wir unseren Seminarteilnehmern ans Herz legen. So begannen wir zuerst zaghaft, dann immer mehr, buddhistische Inhalte in unser Coaching und die Seminare einfließen zu lassen. Mit einem überraschenden Resultat: Statt dass unsere Teilnehmer genervt die Augen verdrehten, wollten sie mehr und mehr wissen und erzählten von ihrer Sehnsucht nach der Sinnhaftigkeit und ihrem Leid, Sachzwängen unterworfen zu sein. Heute ist vieles, was damals noch ins Reich des »Glaubens« gehörte, ins Wissen gewandert. Die Neurowissenschaften haben zahlreiche Erkenntnisse aus dem Buddhismus über die Funktionsweise des Geistes bestätigt, wie auch die moderne Psychologie.

In der Tat: Unser Buddha-Coaching, wie wir es zuerst nur für uns selbst nannten, wirkte sich phänomenal auf unsere Teilnehmer aus, die überwiegend zum Mittelstand gehörten und sich vom mittleren Weg angesprochen fühlten. Kleine Unternehmen wuchsen, die Leute gingen lieber zur Arbeit, und sie verdienten mehr Geld. Ein Unternehmer aus Franken begann bei uns seine Ausbildung zum Leadership mit acht Mitarbeitern. Er wollte expandieren, doch es klappte nicht, bis er die Ursache fand: seine eigenen inneren »Bremsen«. Heute hat sein Unternehmen über hundertzwanzig Mitarbeiter – er brachte die spirituelle und geschäftliche Welt für sich zusammen. Seine herzliche Ausstrahlung ist wie ein Magnet für andere.

Viele unserer Klienten vollführten in unseren Coachings große innere Wachstumssprünge durch die Verbindung zur spirituellen Welt. Auch wir selbst profitieren sehr von dieser Verbindung: Sie erfüllt uns. Es macht einen Riesenunterschied, ob wir in unseren Seminarteilnehmern Leute sähen, denen wir beibrächten, erfolgreich Geld zu verdienen, Mitarbeiter zu führen, ihr Business *on top* zu bringen, oder Menschen, die wir in ihrer Buddha-Natur entwickeln möchten. Wodurch wir wiederum uns selbst weiterentwickeln, was zu mehr Freude an unserer Arbeit führt und unser Inneres mehr zum Leuchten bringt.

Das leuchtende Ziel: die Buddha-Natur

Der ganze Zweck der Lehre Buddhas liegt darin, unsere Buddha-Natur zu erkennen, diesen noch unentdeckten Schatz zu heben, seinen Reichtum zu genießen und ihn mit allen anderen zu teilen.

Die Buddha-Natur ist das höchste Potenzial, das uns allen innewohnt, die allem zugrunde liegende Weisheit, das »Herz vollkommenen Erwachens«. Wir selbst sind Buddhas, auch wenn wir das noch nicht erkannt haben. Die Buddha-Natur ist unsere natürliche Essenz, das, was wir sind, unbegrenzt von Raum und Zeit und allgegenwärtig. Doch durch die Art und Weise, wie wir leben – immer stärker nach außen orientiert, um nicht zu sagen: süchtig nach unseren elektronischen Spielzeugen –, haben wir den Zugangscode scheinbar vergessen. Einen Code, der nicht aus Zahlen besteht, sondern aus Achtsamkeit, Weisheit, höherer Intuition und Atmen. Einen Code, den wir leicht wie mit einem Fingerschnippen aktivieren können. Probieren Sie's: Schließen Sie die Augen und atmen Sie einige Male bewusst. Spüren Sie Ihren Atem, folgen Sie ihm durch Ihren Leib. Jetzt.

... Und danach: fühlt sich die Welt freier und leichter an. Eine solche Kleinigkeit – und so eine große Wirkung. Weil Sie kurz angehalten haben, weil Sie vom unbewussten Tun ins bewusste gewechselt sind. Stellen Sie sich einmal vor, Sie würden das mehrmals am Tag praktizieren! Könnte es sein, dass Sie dann die eine oder andere Angelegenheit anders sehen? Und Sie haben nichts »Großes« geleistet, kein Fünfhundert-Seiten-Kommunikationsbuch gewälzt, oder haben stundenlang in Meetings gesessen, um zu einer Entscheidung zu gelangen, die Sie intuitiv als richtig erkennen. Sie haben »nur« geatmet. Eine phänomenale Leistung. Einfach nur atmen. Von wegen einfach, denn in schwierigen Situationen halten wir für gewöhnlich die Luft an und schneiden uns somit von unseren Ressourcen ab.

Das Bewusstsein für die Wechselbeziehung von Atem, Körper und Geist ist in unserer westlichen Welt weitgehend verloren gegangen. In der Leistungsgesellschaft fühlen sich viele Menschen atemlos. Wenn wir gehetzt sind, atmen wir kurz und flach. Fühlen wir uns ruhig und ausgeglichen, vertieft sich der Atem. Diese Erfahrung können wir nutzen, indem wir umgekehrt durch unsere Atmung unsere Emotionen lenken. Der Atem ist nicht statisch, sondern lebendig. Ob wir traurig sind, ob wir uns freuen, ob wir Sport treiben oder am Computer arbeiten, jedes Mal atmen wir anders, und das meistens unbewusst. Und das sprechen wir oft sogar aus. Die »Luft bleibt einem weg«, man »atmet erleichtert auf«, »schnauft mal wieder richtig durch« – wir betten die Verbindung von Atem und Gefühlen in unsere Sprache. Unsere Gefühle wiederum sind stark mit unserem Geist verknüpft, den wir mit Meditation schulen können. Und so erkennen wir die Bedeutung unseres Atems.

Stellen Sie sich einmal vor, Teilnehmer an einer Konferenz würden vor dem Beginn fünf Minuten gemeinsam atmen. Wetten, dass die Stimmung danach anders wäre? Freundlicher, verbundener? Und dass auch die Ergebnisse anders aussehen würden? Gewiss, das ist im Moment Utopie, fast schon ein bisschen lustig. Liveschaltung in den Bundestag zu einer Debatte. »Wie wir sehen«, sagt die Reporterin, »die Sitzung hat noch nicht begonnen, die Teilnehmer atmen noch.« Wir möchten das einfach einmal als Anregung stehen lassen. Fakt ist, dass eine regelmäßige Atempraxis zu Ausgeglichenheit führt, die Konzentrationsfähigkeit und das Wohlbefinden erhöht durch eine bessere Sauerstoffversorgung des Körpers. Wer sich des eigenen Atems bewusst ist, hat ein kraftvolles Werkzeug in der Hand, um sich selbst und sein Leben zu steuern. Im ruhigen Ein- und Ausatmen wird eine innere Verbundenheit spürbar, mit sich selbst, mit der Welt und mit der Schöpfung. Bereits einige Minuten bewusstes Atmen bringen Ruhe und Gelassenheit in den Alltag. In den verschiedensten Kulturen und Religionen wird der Atem als die Essenz der Seele betrachtet und als Verbindung zum Göttlichen gesehen. Auch im Buddhismus konzentrieren wir uns bei der Meditation auf unseren Atem. Er ist ein Schlüssel, um den unruhigen Geist zu zähmen, innerlich frei zu werden und sich mit der Buddha-Natur zu verbinden.

Atmen kann man schriftlich nur ungenügend beschreiben. Deshalb möchten wir Sie einladen, per QR-Code, der im Anhang dieses Buches abgedruckt ist, auf unserer Webseite eine intensive Atemmeditation herunterzuladen. Sie werden erleben, dass bewusstes Atmen mit Anleitung wirklich den inneren Zustand verändert.

Buddha im Business

Buddhistische Vorbereitung auf ein Meeting

Seit der Abteilungsleiter sich jeden Morgen in den Zustand von einem weiten Feld, einem klaren Geist, beruhigten Emotionen, innerer Weisheit bringt, verlaufen seine Tage anders, und seine Bilanz sieht auch anders aus. Nach seiner allmorgendlichen spirituellen Praxis baut er sich ein klares Zielbild auf. Er visualisiert im Geiste, wie zum Beispiel ein Meeting erhebend endet mit guten Lösungen und wie sich alle Beteiligten inspiriert und motiviert voneinander verabschieden. Schließlich lässt er das Leuchten des Buddha in seine Vorstellung fließen, damit sich die Frequenz erhöht.

Als das Meeting dann tatsächlich beginnt, ist er nicht überfeuert mit fünfzig Eindrücken, Ängsten und voller Druck, sondern entspannt. Die teilnehmenden Verkaufsleiter spüren sofort, dass er in einem neutralen positiven Zustand ist, nicht genervt, nicht aggressiv. So sind auch sie in einem neutralen positiven Zustand, schalten nicht von vornherein auf Durchzug oder Abwehr. Sie hören ihm zu, er holt sie gut ab. Der Geist der Mitarbeiter kommt ins gleiche Frequenzfeld. Wenn sie auf ihren Chef schauen, spüren sie eine gewisse Wärme und Weite und Leichtigkeit im Inneren statt Druck, Schwere und Antreiberei. Aus diesem Zustand heraus findet der Chef die richtigen Worte, um jeden individuell zu motivieren, die weiteren wichtigen Schritte zu unternehmen. Motiviert, entspannt und zielorientiert verlassen die Mitarbeiter das Meeting. Das Zielbild hat sich »erfüllt«.

Konventionelle Strategien im Coaching

Konventionelle Strategien haben ihren Ursprung nicht im Buddhismus. Sie sind nötig, um ein exzellentes und erfolgreiches Business aufzubauen. Dazu gehören Feedback, Präsentation und Führungsstrategien. Exzellentes Feedback an Mitarbeiter zu geben ist ein wichtiges Mittel, damit die Mitarbeiter sich weiterentwickeln können. Dafür ist es nötig, dass die Führungskraft sich grundsätzlich in Themen wie »Psychologie«, »Tiefenpsychologie«, »Neurowissenschaften« und »Neurolinguistik« auskennt. Nur so kann sie Schritt für Schritt vorgehen und exzellente Ergebnisse erzielen.

Der Entwicklungsstand des Leaders – der Führungskraft – bestimmt den Entwicklungsstand der Mitarbeiter. Hierzu gehört es auch, dass er Bescheid weiß über die morphischen Felder. Sie gehen auf den Biologen Rupert Sheldrake zurück, der 1981 erstmals von diesen physischen Strukturen berichtete, die unsere geistigen Fähigkeiten beeinflussen. Seine Erkenntnisse sind umstritten, ergänzen jedoch die aus der Quantenphysik. Sheldrake postuliert, dass nicht nur Formen und Verhalten morphische Felder erzeugen, sondern auch Gedanken den Stoff beeinflussen, aus dem die Welt besteht, kurz, dass wir mithilfe unserer Geisteskraft Realität kreieren, die wiederum unsere Gedanken beeinflusst.

Heute sind Menschen viel verwirrter als früher. Manchmal ist eine ganze Firma, eine Gruppe vom Außendienst oder eine bestimmte Abteilung in einem verwirrten Zustand.

Wenn bereits als Erstes nach dem Aufwachen das Mobiltelefon das Gehirn mit den unterschiedlichsten Bildern, Wörtern und Klängen überflutet und Wellen von unterschiedlichen Gefühlen den Körper durchrütteln, sich das Ganze dann mit den

Informationen der Firma, der Mitarbeiter und Kollegen mischt, dann muss die Führungskraft durchgreifen.

Früher nannte man das »den Kopf waschen«. Heute, mit den Mitteln der modernen Psychologie und der Neurowissenschaften, kann das human, respektvoll und dennoch zielorientiert geschehen. In christlicher Tradition gibt es die Metapher von »Moses' heiligem Zorn«.

Moses steigt herab vom Berg, auf dem er die Göttlichkeit von allem realisiert hat, unter buddhistischen Gesetzmäßigkeiten die Erleuchtung erlangt hat. Er sieht, dass seine Leute auf dem völlig falschen Dampfer sind … sie tanzen um das Goldene Kalb: falsche Ansichten, Ziele, purer Materialismus und wenig Intelligenz.

Moses zerstört das Goldene Kalb – zu Deutsch: Er konfrontiert sie mit ihren falschen Ansichten, mit ihrem falschen Verhalten, mit ihren falschen Ideen – und führt sie zu einem neuen Ziel.

Das ist heiliger Zorn. Er macht das Kaputte wieder heil. Deshalb Zorn von einer höheren Ebene. Im Buddhismus gibt es zornvolle Gestalten – sprich Buddhas –, die das Alte auflösen, damit Neues entstehen kann.

Ich, Stephan, nehme Sie jetzt mal mit in meine Vergangenheit: 2008 sitze ich in der bezaubernden mystischen Shwedagon-Pagode in Yangoon, Myanmar, für mich der schönste Platz auf dieser Welt, durchdrungen von goldenen Buddhas, goldenen Pagoden, dem Duft von Jasminblüten und Räucherstäbchen. Um mich Gebimmel von vielen kleinen Glöckchen und der Gesang von rezitierenden Mönchen und Nonnen und praktizierenden Buddhisten und vielen Yogis.

Es ist fünf Uhr morgens. Ich begebe mich wie jeden Morgen seit drei Wochen in meinen bevorzugten Tempel. Es sitzen ungefähr hundertfünfzig Frauen und Männer in geschäftlicher Kleidung und natürlich barfuß im Schneidersitz und rezitieren, vermutlich überwiegend Staatsbeamte. Vorne steht ein für Myanmar ungewohnt großer Mann, fast zwei Meter groß, mit weißem Bart – in der burgunderroten Mönchskleidung mit einer ungeheuer starken, leuchtenden Ausstrahlung. Er hält einen riesigen gekrümmten Holzstock in der Hand. »Die beste Moses-Projektion«, denke ich. Er redet laut, klar, eindringlich mit deutlichen Gesten auf die Zuhörer ein. Ich verstehe die Worte nicht. Ich schalte im Kopf um auf »energetische Wahrnehmung« und erfahre, dass der Strom seiner Energie die Energie im Kopf seiner Zuhörer ordnet. Konkret, die Bilder im Kopf, die Einstellungen, die Vorstellungen, die Lösungen der Probleme sortieren sich neu. Dann ist er fertig. Ich bin der einzige Ausländer in diesem Paradies. Er kommt klaren Schrittes, klaren Blickes auf mich zu. »In front of hundred-fifty Myanmar people«, sagt er zu mir, »you have to do your job to develop your Buddha Nature and teach people about it.«

Mit fällt die Klappe runter. Woher weiß er, dass ich diesen Job habe? Woher weiß er, dass ich manchmal Zweifel habe, ob ich auf dem richtigen Weg bin? Er schaut mich eindringlich an und schafft einen starken Eindruck in mir. In meinem Inneren verschwinden alle Zweifel und verunsicherten Stimmen.

In der Begegnung mit diesem Moses sehe ich ein großes Buddha-Bild in mir, in dem ich sozusagen drinstecke: groß, stark, leuchtend.

Zurück in Deutschland, in der Nähe von Stuttgart. Sonntagmorgen 9.30 Uhr. Ich erwarte in einem Hotel zweiundzwanzig Führungskräfte einer Beauty-Kette. Jeder von ihnen hat fünf bis zwanzig Mitarbeiter in seinem jeweiligen Geschäft zu führen. Alter: zweiundzwanzig bis fünfunddreißig. Langsam trudeln sie ein. Sie riechen nach Zigarettenrauch und ausgedünstetem Alkohol, dunkle Ränder um die meist geschwollenen Augen – offensichtliche Spuren einer durchgemachten Nacht.

Mein Gehirn sammelt die Eindrücke, langsam entsteht in der Leber eine Hitzewallung, die sich im Körper verbreitet. Die jüngeren Teile meiner Persönlichkeit kollabieren, meine innere Stimme sagt: Verantwortungslos, respektlos, wie können die hier so antanzen? Kaputte, versoffene Jugend … Und so wütet es weiter in mir.

Meine moralische Retterstimme beschwichtigt: Die haben es schwer und müssen in der Woche so hart arbeiten, die müssen auch mal feiern.

Mein jüngeres Selbst mag keine Alkoholisierten. Ich schalte um und deute das als Schwäche.

Der Buddha in mir sagt: Junge, das bringt nichts:

1. Analysiere die Situation nüchtern und sachlich.
2. Bring dich in den richtigen Zustand eines weisen und zornvollen Buddhas.
3. Bring die Botschaft klar, laut – ohne cholerisch zu werden –, eindringlich mit Pausen rüber.

Ich erinnere mich an den Myanmar-Buddha-Mönch und atme ihn ein. Bis das Bild und seine Stimme zu einem Gefühl werden.

Dann mache ich mich stark, groß und leuchtend.

Es geht los. Aufgrund der deutschen Haltung »Wir haben uns alle lieb und sprechen Dinge nicht mehr so klar an, weil es uns sonst emotional furchtbar verletzt, und wenn ich dann verletzt bin, schwärze ich dich bei meinem Chef an, der dein Seminar bezahlt« muss ich es zehntausendprozentig richtig machen.

Ich sagte: »Mir ist aufgefallen, dass die meisten von euch heute Morgen mit dunklen Rändern unter den geschwollenen Augen hier reingekommen sind, mit dem Geruch von ausgedünstetem Alkohol, mit zum Teil dicht nach Nikotin riechenden Kleidungsstücken, sehr müde aussehend, mit glasigem Blick und dem Kaffeebecher in der Hand. Dies trifft nicht auf alle zu. Die es betrifft, wissen, dass es sie betrifft.

Ich bin darüber sehr verärgert. Ich will, dass ihr sofort:

1. auf eure Zimmer geht,
2. euch duscht und die Haare wascht,
3. einen halben Liter Wasser trinkt,
4. frische Kleidung anzieht und
5. in dreißig Minuten um 10.30 Uhr wieder hier im Seminar sitzt in einem klaren, interessierten und neugierigen Zustand.«

Und so geschah es.

Der Meister hat seine Autorität gezeigt.

Buddha sei Dank!

Wo stehen Sie?

1. Schämen Sie sich, wenn Sie Fehler machen?
2. Sind Face-to-Face-Gespräche mit Ihren Mitarbeitern ein Gräuel für Sie?
3. Gehen Ihnen Ihre Mitarbeiter öfters auf die Nerven?
4. Sind Sie schnell verwirrt, wenn ein Mitarbeiter Sie angreift?
5. Werden Sie schnell wütend, wenn ein Mitarbeiter nicht das macht, was Sie wollen?
6. Geben Sie schnell nach, wenn ein Mitarbeiter mit Extrawünschen kommt?
7. Heischen Sie oft nach Anerkennung?
8. Sollten Ihre Mitarbeiter Sie beklatschen, und wenn sie es nicht tun, sind Sie dann heimlich beleidigt?
9. Sind Sie ein Kontrollfreak? Rufen Sie Ihre Mitarbeiter im Außendienst auf Tour an, um zu fragen, wo sie sind?
10. Haben Sie ständig das Gefühl, es ist nicht genug? Es müsste noch besser sein?
11. Wenn Sie Ihre Business-Freunde treffen, jammern Sie dann gern?

12. Wenn Sie Ihre Business-Freunde treffen, nehmen dann Ihre Mitarbeiterzahlen und Ihre Erfolge stetig zu, je länger der Abend wird?
13. Haben Sie fast immer das Gefühl, nur wenn Sie selbst die Dinge erledigen, sind sie wirklich gut?
14. Inszenieren Sie unbewusst anstrengende emotionale Situationen mit Ihren Mitarbeitern?
15. Bringen die Tränen Ihrer Mitarbeiter Sie dazu, leichter nachzugeben?
16. Reden Sie zu schnell und zu viel, wenn Sie innerlich Angst haben?
17. Hören Sie sich gern reden, und lassen Sie sich bei Ihren Mitarbeitern manchmal zu Vorträgen hinreißen?
18. Verstehen Sie öfter Pointen von subtilem Humor und Witze nicht?
19. Wenn andere lachen, fühlen Sie sich dann ausgeschlossen?
20. Wenn andere lachen, finden Sie die dann doof oder lächerlich?
21. Bleiben Sie äußerlich beherrscht und ruhig, auch wenn es in Ihnen brodelt und kocht?
22. Wenn Sie sich einem Klüngel von Mitarbeitern nähern – löst sich der Kreis dann auf?
23. Wenn Sie sich durch die Augen Ihrer Mitarbeiter sehen: Ist das unangenehm?
24. Möchten andere so sein wie Sie?
25. Haben Sie am liebsten Ihre Ruhe, und wollen Sie nicht gestört werden?
26. Erleben Sie Fehler als ein Versagen?
27. Fällt es Ihnen leicht, das Potenzial in Ihren Mitarbeitern zu erkennen und anzusprechen?
28. Kultivieren Sie eine persönliche Vision für sich persönlich und Ihre Abteilung und Ihre Firma?
29. Haben Sie vor Ihrem geistigen Auge ein zukünftiges Selbst in der besten Version in zwanzig Jahren?

30. Sind neue Situationen und ist wieder neu anfangen anstrengend für Sie, weil Sie ein bisschen Angst haben, sich lächerlich zu machen?

Auswertung

Über 25-mal Nein als Antwort zeigt, dass Sie vermutlich unter einer schizoiden Zwangsstörung leiden und beratungsresistent sind. Dieses Buch ist nicht für Sie geeignet. Verschenken Sie es. Schnell.

15- bis 20-mal Ja als Antwort bedeutet: Sie haben Ihren Bedarf erkannt und sind mutig genug, auch wenn es schmerzhaft ist, die eigenen Unzulänglichkeiten anzuschauen. Entsprechend sind Sie bereit zum Weiterlesen. Viel Freude damit!

DIE ARBEIT MIT DER ENERGIE DES BUDDHA

Im Vergleich zum Christentum, das einen Sinn des Lebens vorgibt, lehrt der Buddhismus, sich fortwährend mit seinem Geist zu beschäftigen, zu erkennen, dass es Leid gibt, und zu wissen, dass man es überwinden kann und durch den Weg der Überwindung des Leids zu seinem innewohnenden erleuchteten Geist gelangt, dem wahren Ziel des Buddhismus. Jeder ist aufgerufen, seinem Leben einen höheren Sinn zu geben. Insofern zeigt der Buddhismus eine andere Sicht auf das Leben als die traditionell mehr autoritären Strukturen von Religionen wie Christentum und Islam, in denen Regeln formuliert sind, wie das Leben zu sein hat – und wer sie nicht befolgt, ist kein guter Mensch. Der Sinn des Lebens aus Sicht des Buddha ist es also, den Sinn für sich selbst zu finden, täglich seinen Geist und somit seine Gedanken, Worte, Handlungen, seinen Lebenserwerb und seine Achtsamkeit zu schulen und zu entwickeln. Der Buddhist ist aufgerufen, alles zu hinterfragen, auch die Lehre Buddhas: Ist es sinnvoll oder nicht? Buddha hat nie verlangt, man müsse etwas tun, oder gesagt, dass Gefolgschaft um jeden Preis gefordert ist. Wir als seine Schüler sollten nicht folgen, sondern ausprobieren, ob das, was er sagt, für uns stimmt. Wenn ja, praktiziert man es weiter. Wenn nicht, dann lässt man es bleiben. So lehrt es auch der Dalai-Lama, der einmal gesagt hat, falls die Menschen der Überzeugung seien, dass ein Teil der buddhistischen Lehre nicht stimme, dann sei dieser Teil überflüssig, wenn er den Menschen nicht diene. Das ist ein großer Unterschied zu den autoritären Religionen, die vorschreiben, was nützlich sein darf und was nicht.

In Bezug auf den Sinn des Lebens nach Buddha könnte man es in einer heutigen trendigen Form ausdrücken: »Making this world a better place to live in«, indem wir lernen, unseren Geist tagtäglich bewusst wahrzunehmen und unsere Energie zu erhöhen. Dadurch transformieren wir unseren Geist als kontinuierlichen Wachstumsprozess und erleben in Resonanz, wie wir und diese Welt sich weiterentwickeln, damit möglichst viele weise, leuchtende, klare und transformierte Menschen diesen Planeten in etwas Erhabenes verwandeln. Wie es das bekannte Zitat von Nelson Mandela beschreibt: »Be the change you want to see in the world.« Übersetzt könnten wir sagen, jegliche erwünschte Veränderung in der Welt beginnt mit unserer inneren Veränderung, mit unserem »Growth Mindset«, nämlich der Einstellung: Ich kann überall, in jeder Situation und von anderen lernen. Einfach ausgedrückt, bedeutet das auch, in jedem den guten Kern zu sehen oder eben die ihm innewohnende Buddha-Natur. Als Unternehmer und Führungskräfte ermöglichen wir dadurch jedem, sich in unserer Gegenwart zu seinem Besten zu entwickeln. Natürlich heißt das nicht, dass man die Schattenseiten des anderen verdrängt, sondern im Gegenteil trotz der Schattenseiten das Gute im anderen sieht und fördert.

Der Sinn des Lebens aus der Sicht Buddhas

In den Schriften des Buddha finden wir viele Elemente, die uns helfen, diesem Leben einen Sinn zu geben, die Dinge so zu sehen, wie sie sind, sie anzunehmen, dass sie sind, wie sie sind, und daraus das Bestmögliche für uns selbst und andere zu machen. In der Quintessenz bedeutet dies auch, sich selbst nicht als Opfer zu erleben. Reduziert auf das Elementarste, könnten wir sagen, der Sinn des Lebens ist, Liebe zu leben. Damit ist nicht die romantische Liebe gemeint, sondern die übergeordnete Liebe. Wir können auch von Wärme, Mitgefühl und Mitverstehen sprechen. Ein Leben voller Kälte, Distanz und Isolation wäre für die meisten von uns sinnlos. Also ist der Sinn des Lebens, eine innere Wärme und starke Ausstrahlung zu entwickeln, um eine Atmosphäre zu schaffen, in der Menschen sich gut entwickeln können. Das ist, buddhistisch gesprochen, ein Sinn des Lebens. Natürlich sind Erfolg, Geld und Status wichtig für viele Führungskräfte. Im Bewusstsein, dass wir jedoch nicht allein alles erreichen können, fühlen sich immer mehr berufen, Mentoren zu sein. Im Lauf der Zeit, womit viele Leben gemeint sind, fängt man irgendwann an, andere auf die höheren Ebenen aufmerksam zu machen. Das ist auch ein hohes Ziel, ein tiefer Sinn: andere darin zu unterstützen, ihre Fähigkeiten und Qualitäten zu entwickeln, das Licht in ihnen zum Strahlen zu bringen. Und das ist, kurz gesagt, die Krönung einer Führungskraft. Die Freude daran, Menschen zu entwickeln, schenkt einem einen tiefen Sinn für das eigene Leben.

Vor vielen Jahren fragten wir Stephans spirituelle buddhistische Lehrerin Patchalie einmal nach dem Sinn des Lebens, und sie antwortete sinngemäß: »Alles ist Energie, und aus dieser Energie wie ein riesiges Meer mit goldenen Wolken ist mal ein Tropfen auf die Erde gefallen in einen Körper hinein, und das bist du gewesen. Davor warst du Teil der Fülle, Teil der Leere wie wir alle. Durch die Zeugung und dann Geburt fallen wir sozusagen in einen physischen Körper und erleben den Jahrmarkt auf Erden, das große Spiel der Illusionen, und wir machen unsere Erfahrungen, jeder seine eigenen. Eines Tages ist man damit fertig, genug von viel Geld, von wenig Geld, von viel Sex, von wenig Sex, von erfüllender Beziehung, von langweiliger und/oder zerstörerischer Beziehung und so weiter. Das eigene Bewusstsein ist so gereift, dass es zurück in die pure Energie möchte, in das Buddha-Feld. Irgendwann ist man so weit, dass man sich wie der

Buddha im Ganzen, in der allumfassenden Energie auflöst. Das ist der Sinn des Lebens.«

Ein weiterer Sinn des Lebens ist die Untersuchung des Karmas, der Wirkungsschleifen. Karma ist das Gesetz von Ursache und Wirkung und besagt, dass jede Handlung eine weitere Handlung nach sich zieht. Lernen, den Geist von Verblendungen, das heißt Schatten, unbewussten negativen Überzeugungen, falschen Anhaftungen und den drei Geistesgiften zu befreien, als Sinn des Lebens bringt auch mit sich, sich einzugestehen, wenn Gedankenkonstrukte und entsprechende Verhaltensweisen Leid bewirkt haben, dies zu erkennen, zu bereuen und die klare Entscheidung zu treffen, dies nicht mehr zu tun. Das Gefühl der Reue ist dann möglich, wenn das Ego, sprich die Persönlichkeit, die innere Reife und Einsicht hat, dass die bestimmte Einstellung oder das Verhalten Unrecht war. Das ist in sich eine Transformation, besonders mit der Einstellung, es nicht mehr zu tun.

Fixed Mindset and Growth Mindset

Viele Menschen leiden, ja, leiden unter einem sogenannten fixen Mindset. Sie sagen: Ich bin halt so. Als wäre das unveränderbar, eben fix. Aber stimmt das?

Es ist wichtig zu verstehen, dass wir ein inneres Mindset haben – eine gewohnte »Denkweise«. Wenn wir uns nicht bewusst sind, wie wir über das Leben denken, über unsere Erfolge und Motivation, dann verlieren wir uns schnell in alten Verhaltensmustern und landen manchmal sogar in einer Hoffnungslosigkeit: Wir sind halt so, wie wir sind. Da kann man nichts machen.

Die amerikanische Psychologie-Professorin Carol Dweck, die an der Stanford University seit Jahrzehnten über Denkweisen forscht, kommt in ihrem lesenswerten Buch *Selbstbild. Wie un-*

ser Denken Erfolge oder Niederlagen bewirkt zu dem Schluss: Ohne das richtige Mindset und die Bereitschaft, sich zu entwickeln, ändert sich nichts im Leben.

Dieser zutiefst buddhistische Ansatz der weltweit führenden Forscherin zur Motivations- und Entwicklungspsychologie begeisterte uns auf Anhieb, und wir erlebten in unzähligen Buddha-Coachings, welche Entwicklungssprünge unsere Teilnehmer und ihre Unternehmen vollzogen, wenn sie vom Fixed zum Growth Mindset wechselten.

Diese fixe Betrachtungsweise steht komplett im Gegensatz zu der buddhistischen Einstellung, in der unser Mindset stets in Bewegung ist. Aus buddhistischer Sicht gibt es kein fixiertes Selbst, was für viele Menschen zuerst einmal schwierig zu verstehen ist, zumal wir im Westen mit der Idee eines festen Ichs aufgewachsen sind. Doch dieses feste Ich kann auch ein Gefängnis sein, seine starren Gedankenmodelle bilden die Mauern. Warum engen wir uns so sehr ein, warum beschneiden wir unsere Flügel?

Warum nehmen wir uns die Möglichkeit zu fliegen, auch Höhenflüge sind drin, und wir können viel entdecken und erfahren, wenn wir unser Ich befreien aus der Starre des Fixed Mindset – und natürlich auch unsere Unternehmen.

Wie oft stoßen Sie an Mauern, ob in sich selbst oder im Gespräch mit Mitarbeitern, Vorgesetzten, in Meetings? Es ist halt so. Das geht nicht. Tatsächlich?

Im Buddha-Coaching wechseln wir das Mindset. Aus buddhistischer Sicht sind wir fluide Wesen. Unsere Gedanken sind nicht fest, sondern kontinuierlich in Bewegung, weil sie Energie sind und Energie immer in Bewegung ist. Somit ist alles von uns – alle Zellen, alle Nerven – ständig in Bewegung, in Erneuerung, in Veränderung. Wenn wir uns das bewusst machen, können wir die Richtung unseres Denkens und somit unsere Entwicklung und unser Wachstum positiv verändern. Im Gegensatz zur Begrenzung eines Fixed Mindset.

Angenommen, wir haben eine innere Vorstellung davon, was wir erreichen möchten, wie wir wahrgenommen werden möchten, wie ein unternehmerischer Erfolg aussehen soll. Dann passiert ein Fehler. Ein sehr schlechtes Gefühl stellt sich ein, denn nun entsprechen wir nicht mehr unserer inneren Vorstellung. Wir haben versagt, das Umsatzziel nicht erreicht. Wir haben uns im Meeting blamiert, in der Präsentation den Text vergessen, die aktuellen Zahlen nicht griffbereit gehabt, was auch immer passiert sein mag. Von der Warte eines starren Selbstbildes aus betrachtet, gibt es nur das Richtig oder Falsch, Gut oder Schlecht. Falsch und schlecht heißt, wir laufen wie an eine Wand. Wir glauben vielleicht, unsere Grenzen würden uns aufgezeigt. Ich bin halt so. Ich kann nicht anders. Oder wir fühlen uns unverstanden, sind schnell beleidigt – Stillstand. Resultat: Es wird nichts Neues mehr gelernt. Die Entwicklung, das Wachstum stagniert.

Diese Art des Denkens – wir möchten sie die »alte« Art des Denkens nennen – führt zu keiner Entwicklung, zu keinem Wachstum. Es ist ein Paradigmenwechsel, sich vom starren Selbstbild zu verabschieden hin zu einem dynamischen Selbstbild, dem buddhistischen Weg des Wachstums.

Growth Mindset heißt, es gibt kein fixiertes Bild von uns selbst, weil wir uns jeden Tag neu erfinden. Das ist sehr buddhistisch: Alles, was wir denken, ist relativ und ständig in Bewegung und kann sich stets erneuern. Wir können jeden Tag fluide in unserem Potenzial wachsen. Das Grundgefühl ist nicht geprägt von Angst und Stress, es womöglich nicht zu schaffen, nicht zu genügen, sondern: Ich bin okay. Ich bin auf der Welt, um mich zu entwickeln, um zu wachsen. Ganz anders als im Fixed Mindset, wo wir uns eher als Gegenstände betrachten; die wachsen tatsächlich nicht, die sind wirklich so. Wir aber sind menschlich fühlende Wesen. Wir können wachsen. Deshalb ist es auch nicht schlimm, wenn etwas mal nicht klappt, sondern immer eine Chance, ein Aufruf, uns weiterzuentwickeln. Es gibt kein Richtig und Falsch. Alles ist im Flow. Jeder von uns ist ein leuchtender Buddha, der die Erfahrung macht, Mensch zu sein. Fehler sind keine Katastrophen, sondern unterschiedliche Ergebnisse, und sie dienen als Feedback, um zu zeigen, wie wir uns weiterentwickeln können.

Ist das nicht enorm befreiend im Gegensatz zum Fixed Mindset, wo solche Herausforderungen oft stark angstbesetzt sind: Vielleicht schaffe ich es nicht. Dann habe ich einen Misserfolg, es folgen Scham- und Schuldgefühle. Denn ich entspreche ja nicht dem Selbstbild, das ich mir einbetoniert habe, wer ich sein möchte. Diese Kluft führt bei vielen Menschen in den Perfektionismus: Man vergleicht sich selbst mit dem Bild, dem man entsprechen möchte. Und es gibt auch kein Wachstum, wenig Wohlbefinden, stattdessen Wettbewerb, Angst – oder eben Resignation.

Ein Growth Mindset fällt einem nicht in den Schoß. Es heißt, Herausforderungen anzunehmen, sich anzustrengen, über Grenzen zu gehen und ständig zu reflektieren und dann bewusst Entscheidungen zu treffen, neue Verhaltensweisen zu üben, um neue Überzeugungen zu trainieren. Auf diesem Weg ist Kritik willkommen, die wir niemals persönlich nehmen, weil sie uns Anregungen schenkt. Wir nehmen alles, was kommt, um zu wachsen. Deshalb ist auch Platz für Freude am Erfolg anderer und keiner für Neid und Missgunst.

Genauso betrachtet die buddhistische Philosophie das Leben: als Chance zur Entwicklung. Auch wenn es einmal schwierig wird, erlebe ich mich nicht als Opfer, sondern reflektiere darüber, was ich lernen kann. Das ist der Sinn des großen Ganzen: lernen und entwickeln, weiterwachsen und beharrlich dranbleiben, auch wenn das Leben schwierig ist. Der Dalai-Lama betont immer wieder: »Life can be very difficult.« Vielleicht waren deshalb die Abschlussworte vom Dalai-Lama an die zahlreichen Teilnehmer bei einem Happiness-Kongress in Sydney 2007: »Keep going.«

Diese dynamische Herangehensweise ist etwas anderes als ein Vergleichsmodell mit fast schon zwanghaftem Optimieren, um besser zu sein als andere, um bloß nicht schlechter dazustehen. Es geht nicht um vergleichen, sondern um wachsen. Es geht nicht um gewinnen, sondern um erfahren und lernen und weiterwachsen, was letztlich automatisch zu einem Gewinn führt. Es geht darum, immer wieder zu reflektieren und den Geist von alten Mustern zu befreien, um ein leuchtender Buddha zu sein – strahlend und leicht. Mit einem statischen Selbstbild ist das nicht zu verwirklichen. Aber dafür muss man ja erst mal wissen, dass es eine Alternative gibt! Deshalb können wir uns im Fixed Mindset verabschieden vom Perfektionismus und vom Richtig und Falsch. Stattdessen entscheiden wir uns für die drei Punkte des Growth Mindset:

1. Ich liebe es zu lernen.
2. Ich liebe es, mich selbst zu reflektieren.
3. Ich bin bereit, Weiterentwicklung und Wachstum zu den höchsten Prioritäten in meinem Leben zu machen.

Buddha im Business

Lernen mit buddhistischer Weisheit

Domenico schult als Trainer andere Fachtrainer. Für viele von ihnen ist es das Allerschlimmste, vor einer Gruppe von Menschen zu stehen und frei und mitreißend sprechen zu sollen, was sie ja dann später »in freier Wildbahn« vor ihren Kunden tun sollen. Es gibt zwar ein paar Naturtalente und solche, die sich sehr bemühen. Doch es gibt auch sehr viele, die so in Stress geraten, dass sie manchmal sogar einen Blackout haben.

Domenico erzählte uns, dass er früher dann immer von hinten nach vorne rief und Tipps gab. Seit er bei uns im Seminar war, änderte er sein Verhalten gravierend und ist heute noch verblüfft, dass der neue Weg fast immer funktioniert und wie gut.

Natürlich bereitet Domenico sich auf seine Seminare vor, wie wir es im Buch später auch noch ausführlich beschreiben werden. Wenn für Domenico dann sichtbar wird, dass im Vortrag einer seiner Schüler droht hängen zu bleiben, den Faden zu verlieren, wenn er unsicher wirkt oder etwas anderes schiefläuft, mischt Domenico sich nicht ein, sondern rezitiert im Stillen, oft vom Rand der Gruppe aus zu dem Vortragenden, in den Raum, in die ganze Gruppe. »Und dann geschieht etwas wirklich Faszinierendes: Alles entspannt sich. Ich selbst entspanne mich, die Gruppe entspannt sich, die ja mitleidet und ihre eigenen Geschichten am Laufen hat, der ganze Raum wird lichter – und das kommt beim Redner an. Der findet den Faden wieder oder macht einen Scherz, oder es passiert etwas anderes, aber es kommt wieder Bewegung rein, die starre Verzweiflung löst sich auf.«

Domenico kann sich vor Anfragen kaum retten – man sagt, er bewirke Wunder. Doch es sind die Buddhas, die hier »zaubern«, indem Domenico durch seine spirituelle Praxis und die spirituelle Krisenintervention alles ins Strömen bringt.

Aus Energie wird Erfolg: das Quantenfeld

Unserer Erfahrung nach lassen sich viele Führungskräfte und auch Trainer zu leicht aus der Bahn werfen. Das zeugt von keinem guten Stand. Es gibt keinen besseren Stand, als verwurzelt zu sein in seiner Buddha-Natur und sich auf ein Meeting, eine Konferenz, auf ein Seminar gut vorzubereiten. Aber eben nicht nur inhaltlich, sondern auch spirituell. Letztlich bestimmt die innere Haltung, die wir mit unserer spirituellen Praxis vorbereiten, über den Erfolg. Das wissen wir alle, seit wir zur Schule gegangen sind. Unsere Leistungen waren von unseren Lehrerinnen und Lehrern abhängig, und das haben seither unzählige Studien bestätigt.

Im Buddha-Coaching agieren wir, indem wir ein Frequenzfeld aufbauen, in dem eine gute Atmosphäre herrscht: freundlich, entspannt, neutral. Sie können sich sicherlich vorstellen, dass es einen Unterschied macht, ob man ein Stresszimmer betritt, in dem ein Vorgesetzter seit Minuten vergeblich versucht, seine negativen Gefühle zu kontrollieren, oder ob er freundlich und entspannt ist und man sich willkommen fühlt.

Lassen Sie uns hier nun einen kurzen Exkurs zum Thema »Quantenenergie« machen, sodass das Buddha-Feld für Sie verständlicher und greifbarer wird.

Vielleicht erinnern Sie sich noch an Ihren Physik- und Chemieunterricht und an die Erklärungen über Atome, Moleküle und Protonen. Je tiefer unsere Zellen und Materie zerlegt werden, desto kleiner werden die Teilchen. Aktuell sind die kleinsten, nicht mehr teilbaren Teilchen die Quarks, wobei wir gegebenenfalls in zehn Jahren oder früher neue Erkenntnisse haben werden. Die Quantenphysik hat aktuell belegt, dass sich nun diese kleinsten Teilchen – je nachdem, ob man ihnen Beobachtung schenkt oder nicht – entweder als Welle oder als Teilchen bewegen können und in unterschiedlichsten Wechselwirkungen zueinander stehen. Vereinfacht gesagt, geht es immer um Energie, um eine Beziehung zwischen Objekten, die sich in unterschiedlichen Mustern verhalten, abhängig davon, wie viel Aufmerksamkeit sie erhalten.

Was hat das nun mit uns und der Kraft des Buddha-Felds zu tun? Im Rahmen der Quantenphysik wurde nicht nur festgestellt, dass man bei Zerlegung unseres Körpers – und allen

Materien dieses Planeten – auf immer kleinere Teilchen stößt, sondern interessanterweise die kleinsten Teilchen die höchste Energie und Schwingung haben. Im Gegensatz dazu hat unser Körper die langsamste und trägste Schwingung. Man kann sich das vorstellen, wenn man die Schnelligkeit eines Leoparden mit der einer Schildkröte vergleicht.

Der Mensch versucht, Veränderungen auf der Ebene der Materie zu erzielen, egal, ob es um finanzielle, berufliche, gesundheitliche oder partnerschaftliche Dinge geht. Menschen rechnen damit, dass sie dreißig Jahre lang arbeiten müssen, um ihr Haus abzubezahlen, oder Pillen schlucken müssen, um ihre kranken Zellen zu heilen. Uns wurde beigebracht, dass wir Materie nur mit Materie verändern können.

Seit einigen Jahrzehnten ist durch Messungen belegt, dass wir zu circa 99 Prozent aus Energie und nur zu circa einem Prozent aus Materie bestehen. Dieses Verhältnis kann man sich visuell vorstellen, wenn man versucht, die Energie in Raum zu fassen. Nicht nur, dass physisch unser Energiefeld 99 Prozent größer ist als unser Körper, vor allem energetisch ist es unendlich viel stärker, als uns das je bewusst ist oder in der Schule beigebracht wurde.

Was ist nun diese Energie, aus der wir zu 99 Prozent bestehen, und wie können wir Zugang zu ihr finden? Wie bereits erwähnt, sind wir im selben Augenblick sowohl Teilchen als auch Wellen. Die Wellen und Teilchen gemeinsam kreieren ein Feld um uns herum, aber Teilchen von uns können auch zeitgleich Tausende von Kilometern entfernt sein. Bleiben wir jedoch bei unserem Energiefeld rund um unseren Körper, um es nicht zu verkomplizieren.

Am einfachsten kann man sich unser Energiefeld wie eine Art Welle vorstellen, vergleichbar einer runden Wasserwelle, wenn man in ein ruhiges Becken einen Stein wirft. Diese Wellen gehen permanent von uns aus, und gleichzeitig berühren uns auch Wellen von außen und dringen über unsere Zellen in uns ein.

Dieses Andocken von Wellen auf unserer Haut und die Öffnung der Haut, damit diese Wellen in unsere Zellen dringen können, ist ebenfalls wissenschaftlich bewiesen (siehe zum Beispiel Bruce Lipton [Quellen im Anhang]). Die Art der Schwingungen der Wellen wird beeinflusst durch unsere Gedanken und Emotionen. Menschen, die überwiegend in einem gelösten, glücklichen und positiven Gedanken- und Emotionszustand sind, haben eine andere Wellenfrequenz als Menschen, die ständig nörgeln, kritisieren oder von Angst besessen sind.

Man kann sich die Übersetzung von Wellen in Materie wie bei einem Radiosender vorstellen. Das Radio erkennt verschiedene Frequenzen und übersetzt diese in Töne, die wir hören können. Unsere Gedanken kreieren ein elektrisches Feld und unsere Emotionen ein magnetisches Feld – gemeinsam somit ein elektromagnetisches Feld. Dieses Feld ist sehr stark und dockt im Äußeren an einem ähnlichen Feld mit einer ähnlichen Frequenz an. Somit verbindet sich unser Quantenfeld mit anderen Quantenfeldern ähnlicher Frequenzen und Eigenschaften, und dann geschieht Folgendes:

1. Unser Feld wird durch die Verbindung mit anderen ähnlichen Feldern gestärkt.
2. Wir ziehen diese anderen Frequenzen und Wellen/Teilchen an, diese werden über unsere Zellen in unseren Körper geholt, dort produzieren sie abermals neue Gedanken und Emotionen auf gleicher Frequenzebene.
3. Somit wird unser tägliches Quantenfeld durch ähnliche Quantenfelder stets verstärkt. Wir senden dieses verstärkte Feld nach außen, ziehen gleiche Felder an und manifestieren gleiche Situationen im Leben, die wiederum gleiche Emotionen und Gedanken auslösen.
4. Das Hamsterrad beginnt zu laufen und läuft so das ganze Leben unbewusst und unaufhörlich, ohne dass wir es wissen.

Es ist nicht relevant, ob zuerst im Körper der Gedanke oder die Emotion ist. Wesentlich ist die Emotion, denn nur über Emotionen wird ein Quantenfeld kreiert. Interessanterweise sind für uns Emotion und Gefühl oft das Gleiche, obwohl es tatsächlich einen wissenschaftlichen Unterschied gibt. Emotionen sind eine Reaktion im Bereich der Amygdala im Gehirn, die biochemische und elektrische Reaktionen im Gehirn auslösen. Laut Dr. Bryn Farnsworth reagiert der Körper, weil Neurotransmitter aktiviert und Hormone im Körper ausgeschüttet werden. Gefühle hingegen sind die bewusste Erfahrung dieser emotionalen Reaktionen. Gefühle werden also ausgelöst durch Emotionen und beeinflusst von persönlichen Erfahrungen, Überzeugungen, Erinnerungen und Gedanken, die wir mit der bestimmten Emotion verbinden. Gedanken allein sind nicht stark genug. Das erklärt, weshalb frühere Ansätze – man muss sich nur etwas wünschen und fest daran glauben, dann bekommt man es – nicht funktionieren, denn es fehlt das ganz Entscheidende: die Emotion!

Wenn ich keine körperliche Wahrnehmung habe, wie es sich anfühlt, reich und wohlhabend zu sein oder verliebt zu sein, und ich mich auch nicht in dieses Feld bewusst einfühlen kann, kreiere ich auch kein Quantenfeld, das Wellen eines anderen Quantenfelds zu mir bringt, um das Gewünschte zu manifestieren.

Wenn man dieses Prinzip mit allen Sinnen verstanden hat, begreift man, weshalb bei fast allen Menschen immer wieder das Gleiche passiert, was am Vortag oder die letzten sechs Monate passiert ist. Wir können Jobs und Mitarbeiter wechseln, wir können Beziehungen und Wohnorte verändern. Wenn wir nicht unser Quantenfeld bewusst beeinflussen, ändert sich im Äußeren gar nichts. Mit neuen Menschen erleben wir stets die gleichen alten Situationen und Gefühle, auch wenn wir es nicht wahrhaben wollen. Wir denken nun mal zu 95 Prozent jeden Tag das Gleiche, und nur zu drei bis fünf Prozent sind wir in der Lage, bewusst und achtsam zu denken.

Nicht der Körper ist das Wichtigste in unserem Leben, auch nicht unser Verstand oder Wissen, sondern das, woraus wir geschaffen sind: pure Energie! Es ist das, was uns ausmacht, und auch das, womit wir wirkliche Veränderungen herbeiführen können.

Es gibt eine Formel, die das wunderbar zusammenfasst:

Bewusstsein + Energie = Realität

Wer die Formel wirklich verinnerlicht hat, wird sich selbst und andere ganz anders behandeln und auch anders coachen.

Wie kommen wir nun aus dem Hamsterrad der täglich gleichen Emotionen und Gedanken heraus? Wie können wir bewusst unser Feld ändern, um andere Frequenzen und damit Menschen, Jobs, neue Partner und Situationen zu manifestieren?

Dies ist im ersten Schritt möglich, indem wir uns selbst täglich Zeit widmen, nach innen gehen und meditieren. In der Meditation bringen wir den Geist zur Ruhe.

Man kann jedoch auch bewusst Emotionen kreieren, um seinem Energiefeld neue Wellen zu geben, die Emotion der Liebe, der Fülle, der Freude und der Freiheit. Gerade in diesem Zustand wird die Kraft des Bewusstseins nochmals deutlich verstärkt, weil Geist und Körper ruhig sind. Der Körper (beziehungsweise die Zellen) kennt nicht den Unterschied, ob man tatsächlich die Situation schon lebt oder ob man nur in Gedanken mit denselben kreierten Gefühlen lebt. Und letztlich geht es darum, diese gewünschte neue Emotion auch im Alltag immer wieder bewusst zu spüren und zu stärken, ungeachtet dessen, ob das Umfeld die Emotion gerade widerspiegelt.

Daraus ergibt sich ein tieferes Verständnis, dass es schlussendlich nur *ein* Quantenfeld oder *ein* Buddha-Feld gibt. Wenn alles auf unserem Planeten zu 99 Prozent aus Energie besteht und diese Energie in Form von Teilchen und Wellen in einer ständigen Wechselbeziehung zueinander steht, dann ist alles mit allem energetisch verbunden. Der Buddhismus lehrt, dass alles mit allem verbunden ist und gleichzeitig nichts aus sich heraus losgelöst besteht. Da fast jede Materie zu 99 Prozent reine Energie ist, die Energie ständig in Bewegung bleibt und sich nur verändert, aber nicht auflösen oder verschwinden kann, sind wir alle energetisch ständig miteinander verbunden.

Übersetzt auf das Buddha-Coaching bedeutet dies: Wenn wir ein Feld von Mitarbeitern oder ein Team haben, das wir nicht haben möchten oder das uns als belastend oder negativ erscheint, müssen wir uns als Führungskraft die Frage stellen, ob wir das Feld manifestiert haben (aus früheren ähnlichen Verhaltensweisen unsererseits) oder wir selbst täglich ein ähnliches Feld ausstrahlen. Es bringt also nichts, Mitarbeitern zu kündigen, was bei dem aktuellen Fachkräftemangel ohnehin unlogisch wäre. Sinnvoll ist es stattdessen, sich täglich mit den Werten und Emotionen zu verbinden, die man gern leben möchte. Also zuerst bei sich selbst das Feld dieser Werte und Emotionen aufzubauen, damit das Feld so stark wird, dass es das Feld am Arbeitsplatz beeinflusst. Denn wenn mein Feld stabil und stark ist, dann ziehe ich einerseits Menschen mit einem ähnlichen Feld an, die mit mir beziehungsweise in meiner Umgebung arbeiten möchten. Gleichzeitig verschwinden andere Mitarbeiter und Kollegen wie von selbst aus meinem System und Umfeld. Natürlich muss man sich zwischendurch von Querulanten trennen und ihnen kündigen. Im Großen und Ganzen wird man jedoch feststellen, dass sich vieles wie von allein löst, ohne auf die Materie einwirken zu müssen.

Das bedeutet, dass wir beim Buddha-Coaching immer zuerst auf der Energieebene arbeiten, denn sie kommt vor der Materie. Auf der Energieebene fokussiert man sich auf das, was wirklich wichtig ist. Wenn man ein freundschaftliches, offenes und vertrauensvolles Arbeitsklima anstrebt, reicht es nicht, diese

Emotionen täglich dreißig Minuten in der Meditation zu verinnerlichen und danach den ganzen Tag genervt und verschlossen zu agieren, nicht zuzuhören, Mitarbeiter gegeneinander auszuspielen und so weiter. Das heißt, die Achtsamkeit im täglichen Tun und die Vorbildfunktion als Führungskraft sind genauso entscheidend, da man ja in jeder Minute sein Feld beeinflusst, nicht nur während der Meditation.

Buddha-Coaching ist somit *Energiearbeit first* ... der Rest fließt dann leicht, erfolgreich und automatisch.

Neugierig geworden? Dann starten Sie noch heute und laden Sie sich die kostenlosen Meditationen von unserer Website herunter (siehe Anhang).

Buddha im Business

Zoomen mit buddhistischer Weisheit

Heidi fühlte sich nicht wohl im Homeoffice. Je länger der Lockdown dauerte, desto schwerer fiel es ihr, sich täglich für den Job zu motivieren. Denn sie liebte den direkten Kontakt zu ihren Mitarbeitern, die spontanen Gespräche zwischendurch an der Kaffeemaschine, oder wenn sie an einem Schreibtisch stehen blieb und ein paar Sätze wechselte. Das gehörte für sie zu ihrem Wert von übergeordneter Liebe, und sie wusste immer, wie es ihren Mitarbeitern ging.

In Zoom-Konferenzen fand sie das nicht heraus, und zu ihrem eigenen Erstaunen merkte sie, wie dringend sie selbst diesen Kontakt brauchte. Heidi fühlte sich einsam, und die Bildschirmkonferenzen waren kaum ein Ersatz: In den Gesichtern konnte sie nicht richtig lesen, die Stimmen klangen manchmal verzerrt, und sie spürte, wie sich ihr Nacken verkrampfte, wenn sie Stunde um Stunde vor der Kamera saß.

... Bis sie eines Tages einen Geistesblitz hatte, der alles veränderte. Sie stellte ein großes Buddha-Bild hinter ihren Bildschirm und spürte sofort, wie ein warmer Strom zu fließen begann. Das Buddha-Bild ist das Symbol für die höhere Intelligenz. Dies allein reichte jedoch noch nicht. Dass dieser warme Strom des Bildes auf sie strömte, war das Ergebnis ihrer täglichen Praxis. Sie machte die Drei-Lichter-Meditation. Diese Meditation führt dazu, dass man das intelligente Quantenfeld eines Buddha in sich integriert und verwirklicht. Diese Meditation, wobei sich in der inneren Vorstellung die Stirn des Buddha öffnet und ein weißer Lichtstrahl in ihre Stirn hineinfließt sowie die Kehle sich öffnet und ein roter Strahl aus der Kehle in ihre Kehle fließt und sich das Herz des Buddha öffnet und ein hellblauer Lichtstrahl in ihr Herz fließt, lud ihren Geist auf mit Weisheit, ihre Stimme und Sprache mit der Weisheit des Buddha und öffnete ihr Herz für Mitgefühl. Diese drei Lichtströme, erlebt in der Meditation jeweils am Morgen, flossen nun über das Symbolbild weiter zu ihr, während sie das Zoom-Meeting führte. (Wenn Sie das auch erleben möchten, finden Sie diese Meditation auf unserer Webseite über den QR-Code am Ende dieses Buches.)

Es war noch immer ihr Homeoffice-Arbeitsplatz, und dennoch war alles anders. Sie blickte nicht mehr in eine kalte Linse, auf eine Fläche, Buddha machte alles warm und lebendig; sie selbst fühlte sich lebendiger, und das nächste Zoom-Meeting verlief in heiterer Stimmung. Mit der Hilfe Buddhas konnte Heidi im Homeoffice zur Chefin zurückfinden, als die sie in ihrer Firma besonders geschätzt wurde.

Zusätzlich meditierte sie mit der Metta-Meditation vor jeder Online-Konferenz auf ihre acht Mitarbeiter: Mögest du in deinem Herzen wohnen, mögest du sicher und geborgen sein, mögest du Heilung und Frieden finden, mögest du glücklich sein.

Sie sah ihre Mitarbeiter in ihren Ressourcen leuchtend vor sich, und das entspannte sie selbst. Sie fühlte einen warmen, wohlwollenden Strom zu ihnen, und in ihr erwuchs Zuversicht, wenngleich die Zeiten sehr unsicher waren. Sie konnte deutlich sehen, wie ihre eigene Zuversicht auf ihre Mitarbeiter übersprang; sie war diejenige, die vorangehen musste, von ihr hing es ab, wie sie diese Krise meistern würden. Ihr persönliches Buddha-Coaching befähigte Heidi schließlich, in einer sehr schwierigen Situation gelassen zu bleiben, und auch in ihrem Team lagen die Nerven nun längst nicht mehr so blank wie zuvor, die Stimmung war nicht mehr so gereizt: Wohltemperiert schafften sie es alle.

Die Qualitäten des Buddha

Auf einem Teaching des Dalai-Lama 2017 in Hamburg mit siebentausend Leuten sprach Seine Heiligkeit darüber, wie wichtig es sei, dass sich der Buddhismus für den Westen öffne, moderner werde. Für uns ist der Buddhismus heute schon ziemlich modern, das liegt an zwei Dingen. Erstens, weil der Buddha in einer jahrtausendealten Tradition steht und auf der dreidimensionalen Ebene von Hunderttausenden buddhistischen Mönchen jeden Tag immer wieder aufgeladen wird.

Zweitens, weil wir mit der buddhistischen Praxis unser zukünftiges Selbst, die beste Version von uns selbst, entwickeln können, und zwar indem wir die Qualitäten des Buddha in uns herunterladen mit Meditation und Rezitieren. Dazu gehört es, einen leuchtenden Geist zu entwickeln, um die anderen aus ihren düsteren Alltagszwängen zu erheben. Das geht aus buddhistischer Sicht nur, wenn ich selbst genug leuchtenden Geist in meinem Inneren aufgeladen habe. Sonst kann ich andere auch nicht motivieren, beziehungsweise sonst strahlt mein Buddha-Feld nicht so stark, dass es andere berührt.

Im Westen sagen wir »der Buddha«, doch wer tiefer in diese Weisheitslehre einsteigt, lernt, dass es viele Buddhas gibt, die alle verschiedene Qualitäten repräsentieren. Es gibt auch unzählige Buddha-Darstellungen, welche die unterschiedlichen Qualitäten der Buddhas abbilden, wenngleich meistens von *dem Buddha* die Rede ist. Die unterschiedlichen Buddhas sehen unterschiedlich aus, und wer tiefer ins Thema einsteigen möchte, kann gezielt die Qualitäten eines bestimmten Buddha in sich aktivieren. Von Weisheit über Gesundheit zu Gelassenheit und vielem anderen Nützlichen und Segensreichen. Im zukünftigen Selbst sind alle diese Qualitäten enthalten.

Die meisten Menschen verbinden mit dem Buddha Weisheit. Ein Weiser lässt sich nicht von seinen Emotionen leiten, wegreißen. Darin liegt ein Schlüssel zu einem guten Miteinander, auch Harmonie mit sich selbst. Wenn wir gelassen und weise denken, sprechen und handeln, säen wir Sinnvolles, und das setzt sich fort, in uns und in der Welt. Diese unaufgeregte Haltung ist eine große Qualität des Buddha, die wir in uns entwickeln können. Manche Menschen befürchten, sie würden dann gefühllos und kalt werden, doch das Gegenteil ist der Fall. Nur wer seine Emotionen transformiert, kann tiefe, echte Wärme ausstrahlen. Und sie kommt an, man spürt es, wenn man in der Präsenz eines Menschen ist, der seinen Geist entwickelt hat und einen energetischen Raum schaffen kann, ein Buddha-Feld – man vertraut sich diesem Leader gern an.

Für eine Führungskraft ist eine der wichtigsten Qualitäten die Fähigkeit, die Mitarbeiter zu verstehen. Verstehen ist die erste Form von Empathie. Nur wer versteht, kann richtig reagieren. Jemanden zu verstehen heißt, sich an seine Stelle versetzen zu können. In unserem Buch *Richtig gut rüberkommen* erklären wir eingehend die eminent wichtige Fähigkeit, bewusst das Gegenüber zu spiegeln. Das ermöglicht das Verstehen der Gedanken und Emotionen des anderen. Wohlgemerkt, das bedeutet nicht, die andere Position gutzuheißen. Sondern zu lernen, die Welt durch die Augen des anderen zu sehen und dadurch ein größeres Verständnis für seine Sicht der Dinge zu kultivieren. Auch hier gilt der mittlere Weg. Denn wenn man sich zu sehr in sein Gegenüber einfühlt, kann man in den Gefühlen des anderen hängen bleiben. Dann ist unser Geist getrübt, und wir verlieren die klare Sicht auf die Dinge, wie wir sie im Buddhismus anstreben. Trotzdem ist Fähigkeit zu Empathie und Mitgefühl nur möglich, wenn wir uns auch geistig in den anderen hineinversetzen. Im Gehirn werden dadurch Spiegelneuronen aktiviert, und wir können den anderen verstehen.

Buddha im Business

Mit Buddha schaffen wir Kontakt zu jedem – auch wenn er sehr anders ist

Wir hatten ein Seminar mit mittelständischen Unternehmern, bei dem keiner das Seminar wollte, da die Teilnehmer die Einstellung hatten: Ich kann alles, ich weiß alles, und ich bin der beste Verkäufer. Die meisten waren alt und wollten noch dickere Geschäfte machen. Es war anstrengend für uns. So anstrengend, dass ich (Cornelia) wusste, guter Kontakt war jetzt am wichtigsten. Ich spürte aber auch, dass ich ein bisschen genervt war und innerlich mit mir rang, meine Begeisterung für das Thema und die Seminarteilnehmer nicht zu verlieren.

Innerlich verband ich mich bewusst mit meiner Buddha-Natur und richtete mich aus auf mein Zielbild, wie ich mir wünschte, dass alle am Ende des Seminars glücklich und zufrieden wären. In der Mittagspause ging ich auf einen älteren beleibten Herrn zu. Ich hatte ihn innerlich bereits in eine Schublade gesteckt, und die Aufschrift lautete: »langweilig«. Wir fanden dann aber doch einen Nenner und landeten sehr schnell bei den reichhaltigen Erfahrungen seines Lebens. Es stellte sich heraus, dass er viele Jahre Manager in China war, und es eröffnete sich mir eine solche neue Welt von totaler Faszination in der Fülle. Etwas beschämt schaute ich in die Schublade, in die ich ihn hatte stecken wollen ... Von wegen langweiliger Typ!

Es kommt immer auf den Kontakt an! Gehen wir wirklich in Kontakt zu einem anderen Menschen, Herzenskontakt, von meiner Buddha-Natur in deine Buddha-Natur.

Die drei Geistesgifte

Hygiene spielt in unserer Gesellschaft eine immer größere Rolle. Wir duschen täglich und unternehmen die abstrusesten Dinge, um schön sauber zu sein, alles muss rein sein, aber dieser mancherorts schon fast als »Reinlichkeitswahn« betriebene Kult bezieht sich stets auf den Körper. Es gibt jedoch noch etwas anderes, was rein zu halten sich lohnen würde! Aber hier erleben wir das Gegenteil: eine inflationäre Vermüllung. Es geht um den emotionalen und mentalen Geist.

Quantenphysiker konnten beweisen, dass sich in den Zwischenräumen zwischen Atomen und Molekülen Gefühle verdichten. Das können Gefühle sein mit einer positiven oder negativen Auswirkung: Wenn wir zum Beispiel geradezu überschüttet sind mit einer Fülle von Informationen aus dem Internet, wenn uns jemand eine Horrorgeschichte aus seiner Beziehung erzählt, wenn unsere Aktien oder Bitcoins fallen, dann bleiben diese Bilder an unseren Emotionen kleben, die wiederum mit unseren Organen zusammenhängen.

Dieses Kleben der Emotionen geschieht gemäß den Quantenphysikern auf der tiefsten Ebene, also dort, wo wir reine Energie sind, in den Zwischenräumen zwischen Atomen, Molekülen und Protonen. Genau hier wird die nicht verarbeitete Energie als Partikel abgelagert und verstopft unser ganzes Energiesystem, sodass wir physisch, psychisch und mental blockiert sind. Das erklärt, warum so viele Menschen oft so hart, dumpf oder energielos sind. Es ist zu viel emotionaler Müll gespeichert in den Organen, und das hemmt die Fähigkeiten unseres Gehirns und überlastet uns, weswegen wir nicht mehr klar und energetisch stark sind, ja, oft sogar die Fähigkeit zum lösungsorientierten Denken einbüßen. Wir fühlen uns schwer, gelähmt, der Geist beschäftigt sich nur mit den Problemen, dem emotionalen Müll, und es sind keine Ressourcen für Lösungen vorhanden. Dieser toxische Sog zieht uns darüber hinaus in die Vergangenheit. Soll etwas Neues eingeführt werden, stellen sich die Mitarbeiter quer, die in Vergangenheitsschleifen hängen, weil in ihren Körpern unverarbeitete Gefühle abgespeichert sind: emotionaler Müll, der uns daran hindert, an die uns innewohnende Buddha-Natur anzudocken.

Zu Beginn der Corona-Pandemie gab es so viele Probleme, dass sehr viele Menschen die Zukunft in düstersten Farben sahen, sich nach der Vergangenheit sehnten und kaum mehr freudvolle, erhebende, ziel- und lösungsorientierte Zustände erlebten. Im Buddha-Coaching richten wir unseren Blick auf unsere mentale Gesundheit, auf das Innere, egal, welche Stürme da draußen toben wollen. Wir sind uns bewusst,

1. dass das Leben leidhaft ist und sich der Geist immer wieder vergiften kann, gleich, wie viel man schon meditiert hat,
2. dass es Möglichkeiten gibt, sich vom Leid zu befreien, und
3. dass wir uns vom Leid befreien können, indem wir die drei stärksten Geistesgifte einem Reinigungsprozess unterziehen.

Diese drei Geistesgifte sind im Buddhismus *Ablehnung (Hass)*, *Anhaftung (Gier)* und *Unwissenheit (Ignoranz)*. Wenn wir sie genauer untersuchen, finden wir darin Neid, Verblendung, Eifersucht, Konkurrenzstreben, Minderwertigkeitsgefühle, Missgunst, das Sichvergleichen mit anderen, Rache, Unersättlichkeit (man kann nicht genug bekommen, will immer mehr haben), Geiz, Kälte, Drama, Schuldzuweisung, Abneigung, Egoismus, Kaltherzigkeit, üble Nachrede, krankhaften Ehrgeiz und vieles mehr.

Warum ist es so entscheidend für Unternehmer, diese Geistesgifte zu erkennen? Weil sie zu schmerzhaften und kostspieligen Fehlentscheidungen führen. Sie sind dafür verantwortlich, dass Mitarbeiter kündigen, dass wir Probleme nicht anschauen wollen und sie dadurch auch nicht lösen können – sie lotsen ins Versagen und Sabotieren unserer Erfolge. Im schlimmsten Fall münden sie in ein wirtschaftliches Desaster und kostspieligen Konkurs.

Menschen, die ihren Geist trainiert haben, erkennen das Gift in diesen … Fliegenpilzen? Von außen betrachtet, sehen sie wunderschön aus. Doch wehe, man lässt sich in Versuchung führen. Nach einem kurzen High – wenn man vielleicht seiner Wut freien Lauf gelassen oder die Lorbeeren für sich eingesackt hat, statt sie dem zu gönnen, der sie verdient hätte – erfolgt das Down. Aus unserer Buddha-Natur heraus würden wir uns niemals in solche Scheingefechte verwickeln lassen und sie erst recht nicht initiieren.

Geistesgifte wirken wie ein Nebel in unserem Geist. Wir erkennen nicht mehr klar, wer die Verantwortung hat, was die Auslöser sind, welche Ursache-Wirkungs-Schleifen entstehen. Stattdessen bestärken wir die Gefühle, welche die Geistesgifte hervorrufen, zum Beispiel Rechthaberei oder Anhaftung an eine sture Meinung. So drehen wir eine Schleife nach der anderen, um uns und allen Beteiligten zu beweisen, dass wir recht haben. In solchen Momenten erkennen wir nicht, dass eine andere Sicht auf die Situation viele fruchtbare Lösungen bieten würde. Am Schluss ziehen wir das Ding durch, zu einem höheren Preis und mit deutlichen Mehrkosten, um dann irgendwann zu erkennen, es war doch ein Misserfolg. Wenn das Geistesgift besonders stark ist, weigern wir uns sogar, Ursache-Wirkungs-Schleifen zu erkennen.

Jemand, der sich dieser toxischen Wirkungen in seinem Geist nicht bewusst ist, kann natürlich auch in seiner Welt genauso Erfolge und Misserfolge leben. Es ist wie im Film *The Matrix:* Nehme ich die blaue oder die rote Pille? Hätte der Hauptdarsteller Neo nach der blauen Pille gegriffen, wäre er weiterhin unbewusst geblieben, ahnungslos, was in seinem Geist geschieht.

Doch Neo entschied sich für die rote Pille, so wurde ihm seine innere Welt bewusst – und deren Geistesgifte. Natürlich ist die blaue Pille verlockend, weiterhin ahnungslos durch die Businesswelt zu ziehen und keine Verantwortung zu übernehmen. Doch aus den Augen des Buddha wissen wir um die Ursache-Wirkungs-Schleifen. Die rote Pille ist die bessere Wahl!

Nachfolgend die drei Geistesgifte en détail.

1. Ablehnung

In einem Führungsseminar für Zahnärzte war an der Haltung des jungen Zahnarztes in der ersten Reihe deutlich sichtbar, dass es ihm gewaltig stank, an diesem Sonntagmorgen seine freie Zeit für eine Fortbildung zu opfern, in der es noch dazu gar nicht um ihn, sondern um seine Mitarbeiter ging.

»Sollten nicht besser meine Mitarbeiter hier sitzen?«, maulte er. »Schließlich sind die das Problem.« Die Ablehnung triefte ihm aus allen Poren: Die anderen sind schuld. Es hat nichts mit mir zu tun.

Sein vernebelter Geist brauchte eine gewisse Zeit, bis die inneren Bilder und Eindrücke so sortiert waren, dass ihm die Ursache-Wirkungs-Schleifen seiner Einstellung und seines Verhaltens bewusst wurden.

Auch Fred hatte keine Ahnung, dass sein übliches Verhalten, das er für motivierend hielt – nämlich kein gutes Haar an seinen Verkaufsleitern zu lassen, die ihm alle ohnehin nur auf die Nerven gingen –, der Grund für die schlechte Stimmung in der Gruppe war. Niemals hätte er zugegeben, dass er den Druck, den er so massiv aufbaute, selbst spürte. Die Angst saß ihm im Nacken, und er gab sie unreflektiert weiter. Denn einer wie er, der hatte doch keine Angst!

Ablehnung ist eine Geisteshaltung, ein Geistesgift. An allem wird ein Makel gefunden. Im Buddha-Coaching ist der Paradigmenwechsel die Erkenntnis und Erfahrung, dass wir nicht diese Verblendung sind, es sind nur Schleier in unserem Geist. In der tiefsten Wahrheit sind wir intelligente, fühlende Wesen und weise Buddhas. Wenn wir dies mehr und mehr erfahren, können wir schneller den Zustand verändern: von einem Leader, der kalt, abweisend, mürrisch, schlecht gelaunt, distanziert und abwesend wirkt, zu einem, der klar, souverän, weise, charismatisch, heiter und magnetisch wirkt. Ein Leader, dem man gern folgt.

Vielleicht einer der dramatischsten Fälle in Bezug auf das Geistesgift Ablehnung erlebten wir vor vielen Jahren in einem IT-Unternehmen im Norden von Deutschland. Die Krisenstimmung der Mitarbeiter im Verhältnis zum Unternehmer hatte sich derart hochgekocht, dass der Financial Controller uns den Auftrag gab, in einem Kommunikationsseminar zusammen mit den Mitarbeitern und dem Unternehmer das Problem zu lösen. Die Mitarbeiter berichteten uns: Der Chef beachtet uns nicht, wir haben keinen Draht zu ihm.

Dem Unternehmer war die Situation höchst unangenehm, er schwitzte, und es war deutlich zu sehen, dass er nur eins wollte: raus aus dem Raum. Genauso deutlich war die Ablehnung, die er seinen Mitarbeitern gegenüber empfand. Sie waren ihm schlichtweg lästig, vielleicht stufte er sie sogar als bedrohlich ein. Was ihn interessierte, war das geschäftliche Ergebnis, alles andere störte ihn.

Was tun?

Wir konnten ihn im Seminar nicht zur Intelligenz seiner Buddha-Natur führen, das war nicht der Auftrag. Wir jedoch brauchten Buddhas Hilfe dringend. Die Atmosphäre war durchdrungen von Ablehnung vom Chef zu den Mitarbeitern und von den Mitarbeitern zum Chef. Es fröstelte uns in dieser Kälte. Seit

Tagen hatten wir uns in der Meditation auf dieses Seminar vorbereitet. In unserem Inneren wärmte uns ein leuchtender Buddha. Wir stellten uns Buddha Manjushri, den Buddha der Weisheit, mitten im Seminarraum vor, der das ganze Feld nährte und stärkte mit seiner Präsenz. Buddha Manjushri trägt in seiner rechten Hand ein goldenes Schwert als Symbol, um die Schleier der Verblendungen der Geistesgifte zu durchschneiden.

Der Energiestrom zu ihm führte zu erstaunlichen Ergebnissen. In der Kaffeepause konnten wir eine gute Verbindung zu dem nervösen Unternehmer aufbauen. Er begann, sich zu entspannen. Er hörte auf zu schwitzen und atmete ruhiger. Die Atmosphäre wurde weicher im Seminarraum. Jeder Mitarbeiter formulierte seinen Bedarf an Kontakt und Verbindung zu dem Unternehmer: »Es reicht mir, wenn wir uns morgens begrüßen.« – »Ein Meeting an jedem Mittwoch für eine Stunde wäre schön.«

Je klarer und machbarer sich darstellte, was seine Mitarbeiter brauchten, desto mehr entspannte sich der Unternehmer. Der Nebel der Ablehnung (»Bleibt mir vom Hals, es ist mir alles zu viel«) begann sich zu lüften, und sein Geist wurde wieder klar. Das Ziel der Firma, wohin sie sich entwickeln wollte, wurde für alle vorstellbar und somit auch, wofür es sich lohnte, eine Verbindung zu allen zu knüpfen. Denn nur zusammen, als Gemeinschaft und gutes Team, konnten sie das erreichen.

Wir Menschen haben das Bedürfnis dazuzugehören. Doch wozu wollen wir gehören? Leader sind diesbezüglich oft zwiespältig – sie gehören dazu und irgendwie doch nicht. Anita stand jeden Tag mehrmals mit der Raucherclique in einer zugigen Ecke vor dem Firmengebäude und inhalierte den Hass ihrer Mitarbeiter auf die Firma. Kein gutes Haar fanden sie an dem Scheißladen. Natürlich war das heikel, denn Anita gehörte als Vorgesetzte ja noch mehr zu diesem System. Es war ein Balanceakt. Aber hier war das Buschtelefon am aktivsten. Jeder Klatsch und jedes

Gerücht wurden hier getrommelt. Wertvolle Informationen für Anita – auch wenn sie sich diplomatisch zurückhielt.

»Ich habe mir schon immer gedacht, das ist doch Blödsinn. Denn wenn ich in dem Laden arbeite und ihn so abwerte, dann bin ich doch auch das Letzte?« Erst als Anita mit dem Rauchen aufhörte, wurde ihr bewusst, was sie sich da täglich mehrfach reingezogen hatte. »Es war eine Befreiung – nicht nur vom Nikotin, sondern auch von diesen Geistesgiften.«

Ihre Mitarbeiter nahmen ihr den »Verrat«, mit dem Rauchen aufgehört zu haben, etwas übel. Schließlich hatte sie jetzt die Seite gewechselt und war für sie der wandelnde Vorwurf, dass sie die Nikotinentwöhnung noch nicht geschafft hatten. Doch Anita nahm die Herausforderung an. Sie wollte, auch ohne zu rauchen, die Verbindung zu der Raucherclique halten. Nicht nur wegen der manchmal sehr interessanten Buschtelefon-Informationen, sondern auch als Leader war ihr die gute Verbindung mit ihrem Team in den banalen Alltagsgesprächen wichtig.

So stellte sie sich ohne Zigarette zu den Rauchern und brachte eine frische Brise neuer Themen mit. Die Raucher wollten lieber ganzheitlich vernebeln, Körper und Kopf, doch weil Anita sich, in Verbindung mit ihrer Buddha-Natur, nicht in ihre abgestandenen Jammerdramen verwickeln ließ, sondern sie mit ihren neu gelernten Kommunikationsfähigkeiten und ihren bewusst gewählten Werten intelligent zu neuen Themen führte, kam eine erquickliche, gesündere Heiterkeit in die Rauchergruppe. Auch wenn die anderen weiterrauchten, leistete Anita doch einen Beitrag für ihre Gesundheit, denn neurologisch gesehen werden durch Schimpftiraden, negative Bilder, Flüche et cetera Stresshormone im Körper ausgeschüttet: Cortisol, Adrenalin, Vasopressin und Histamin, die das Immunsystem schwächen mit der Folge, dass wir anfälliger für Krankheiten sind.

Wenn wir von Stresshormonen geflutet sind, schrumpft auch unser Energiefeld. Und so werden wir wahrgenommen: klein, farblos, energielos, uninspiriert. In der Konferenz werden wir quasi übersehen, wir verlieren unsere Führungsstärke. Während wir mit einem anderen Hormoncocktail aus Oxytocin, Serotonin, Dopamin, Endorphinen und Phenethylamin, den wir mit unserer morgendlichen spirituellen Praxis mischen, ganz anders wahrgenommen werden.

Machen wir uns klein oder groß? Und wem folgen wir? Natürlich den charismatischen Leadern, denn sie strahlen Erfolg aus. Ihre Stimme hat Gewicht. In ihrer Gesellschaft hält man sich gern auf. Sie verdunkeln die Stimmung nicht durch Klein-Klein und Hickhack und Ablehnung, sie inspirieren durch klare Werte und Offenheit, Güte. Sie sagen Ja statt Nein zum Leben. Wenn Sie zu einzelnen Themen Nein sagen, dann können Sie klar argumentieren, und es ist für die Mitarbeiter nachvollziehbar.

Die drei Geistesgifte sind wie eine Flüssigkeit, die überallhin schwappen kann. So herrscht in manchen Firmen ein kleiner Geist aus Neid, Gier und Eifersucht, ein giftiger Cocktail der Missgunst. Keiner gönnt dem anderen etwas, wenngleich doch alle eigentlich dasselbe Ziel haben sollten: den Erfolg der Firma, der ja auch ihrer ist. Doch da die Verbindung fehlt, gibt es viele Einzelkämpfer, die gegeneinander arbeiten. Und wehe, einer hat Erfolg. Der unterschwellige Hass aller anderen ist ihm sicher. Im Büro reißt man sich zusammen und gratuliert dem Rivalen vielleicht sogar, während man ihm Misserfolg wünscht und aus dem Hinterhalt scharf schießt, um ihn zu demontieren.

Manche Führungskräfte glauben, sie sollten sich da nicht einmischen. Solche Konflikte sind ihnen unangenehm. Sie bezeichnen das Verhalten einiger Mitarbeiter als »Kindergarten« – und unterschätzen die Lage, so erging es Peter. Von Natur aus eher wortkarg und kontaktscheu, sah er sich nicht in der Lage, den Schwelbrand unter seinen Mitarbeitern aktiv zu löschen. Er versuchte es passiv und war dann sehr erstaunt, dass seine allmorgendliche Meditation – in der er verbunden mit seiner Buddha-Natur seine Mitarbeiter in ihrer Buddha-Natur visualisierte – zu einer Befriedung im Team führte.

»Aber vielleicht war es nur ein Zufall?«, fragte er. Für uns sind solche Ergebnisse kein Zufall. Zu oft haben wir erlebt, dass es wirksame Mittel gegen Geistesgifte gibt. Im Fall von Neid und Eifersucht ist es die Mitfreude, die zu kultivieren wir lernen können. Auch wenn manche Zeitgenossen förmlich an ihrem schädlichen Verhalten kleben und seit Jahrzehnten daran gewöhnt sind, mit starken negativen Gefühlen auf die Erfolge anderer zu reagieren, was natürlich im Verborgenen geschieht, können wir einen Ausweg aus dieser Verhärtung finden – zum Wohle aller Beteiligten, auch zu unserem eigenen Wohl. Neid zum Beispiel kann nur sprießen, wenn man sich selbst minderwertig fühlt. Indem wir lernen, ihn in Mitfreude zu verwandeln, werten wir uns selbst auf. Wir müssen unser Gegenüber nicht mehr abwerten, um nicht zu schrumpfen. Alle dürfen in ihrer wahren Größe strahlen.

Wenn sich die Mitarbeiter über den Erfolg eines Kollegen freuen können, ist sein Erfolg ihr Erfolg. Die Voraussetzung dafür ist ein gesundes Selbstbewusstsein. Ich bin okay, der andere ist okay, wir alle machen einen guten Job, und jetzt feiern wir unseren Erfolg.

Fatalerweise kann ein einziger Mitarbeiter das gute Klima in einer Abteilung vergiften. Es ist wie der berühmte Tropfen Öl, der tausend Liter Wasser verseucht. Deshalb wäre schnelles Eingreifen, Filtern, so wichtig. Doch laut einer Umfrage geht ein Großteil der Führungskräfte direkter Konfrontation aus dem Weg. Lieber eine Mail schreiben, als ein persönliches Gespräch zu führen. Das spiegelt die Ängste vieler Führungskräfte vor den nicht aufgearbeiteten Schattenseiten ihrer Mitarbeiter wider, mancherorts vielleicht aus der unbewussten Sorge, der eigene Schatten könnte aktiviert werden.

2. Anhaftung

Dieters Frau sagt, für Dieter komme die Firma an erster Stelle. Danach lange nichts, dann mal irgendwann die Familie. Dieter ist ein sehr sympathischer und erfolgreicher Verkaufsleiter. Er liebt seinen Job, seine Firma, seine Kunden und seine Kollegen. Ideale Voraussetzungen, würde man meinen. Besser geht nicht, denn er mag, was er tut. Und doch ist da ein großer Wermutstropfen. Entsprechen die Zahlen am Freitag nicht Dieters Ziel, dann fühlt er sich derart schlecht, dass er das ganze Wochenende miese Laune hat. Seine Daseinsberechtigung scheint an die Zahlen geheftet.

Wir haften nicht nur an Zahlen, sondern auch an Menschen, Dingen, Gewohnheiten und vielem mehr.

Michael stammt aus einem sehr religiösen Elternhaus. Es war ein langer Weg für ihn, sich von dem strafenden lieben Gott zu verabschieden, mit dem ihn seine Eltern ständig bedroht hatten. Dieser »liebe« Gott sah alles, pausenlos rollten seine großen Lieber-Gott-Augen über den Himmel, und Michael sollte nicht glauben, dass ihm irgendetwas entging, ja auch in Michaels Kopf saß der liebe Gott und konnte jeden Gedanken lesen.

Es war eine Wohltat für Michael, zu einem neuen Gottesbild ohne Angst und mit bedingungsloser Liebe zu finden. Doch noch immer steckten viele Überzeugungen aus seiner Kindheit in ihm. So stellte er lieber unsichere, bescheidene Mitarbeiter ein, die ihr Licht unter den Scheffel stellten. Doch mehrmals musste er nach einer Weile feststellen, dass das Licht noch gar nicht angeknipst war. Die neuen Mitarbeiter Michaels waren zum Teil unreife Persönlichkeiten, die viel Unwucht in seine Firma trugen.

Im Coaching spiegelte ihm dies seine eigene Situation, dass er selbst auch noch Schwierigkeiten mit seiner Buddha-Natur hatte, die er, weil er sich mit unseren spirituellen Begriffen nicht wohlfühlte, schließlich Christus-Bewusstsein nannte – und als solches konnte es sein Leben bestrahlen, er selbst strahlte.

Im buddhistischen Kontext meint Anhaftung den Vorgang des Festhaltens am Vergänglichen. In unserem Inneren verfügen wir alle über die Geistesfunktion des Willens. Diese starke Kraft bewegt sich zu auf unsere äußeren Zielbilder, Objekte der Wahrnehmung, die Visualisierungen unserer Erfolge et cetera. Trifft der Wille auf das Bild, ist immer Anhaftung im Spiel. Wird das zu erreichende Ziel kraftvoll aufgeladen mit dem Willen, kann es zu großen Erfolgen auf der einen Seite, aber auch zu großem Unglück auf der anderen Seite kommen. So ist der Begriff der Anhaftung verbunden mit der gefährlichen, sozusagen sturen Seite des Geistes. Ist die sture Anhaftung zu groß, vernebelt das den Geist komplett; man erkennt die Gefahren nicht mehr.

Wir erinnern uns an den Chef einer mittelständischen Unternehmensberatung in der Beauty-Branche, der sich nach fünfzehn erfolgreichen Jahren dazu entschied, einen Traum zu verwirklichen: seine eigene Produktlinie herzustellen. Dafür baute er sogar eine Fabrik. Doch sein großer Traum war auch eine große Anhaftung, er wollte seinen Mandanten alles bieten. Von der Produktserie über die Unternehmensberatung und das Marketing bis zu einem effizienten Abrechnungssystem. Dieses Ziel, mit großem Willen aufgeladen, also angehaftet, erreichte er nicht. Seine Kunden vertrauten ihm zwar als Unternehmensberater, nicht aber in den neuen Bereichen, die ja zum Teil zu ihrem Terrain gehörten. Und so scheiterte der Unternehmer, was zu einem enormen finanziellen Verlust führte.

Obwohl viele Menschen, auch wir, ihn im Vorfeld auf die Gefahren der Investition hingewiesen hatten, war er hartnäckig geblieben, stur seinem Traum angehaftet. Den er auch nach Jahren nicht aufgeben oder modifizieren wollte, was letztlich sein Kerngeschäft massiv belastete und zu Leid bei seinen Mitarbeitern und Kunden führte, die sich unwohl fühlten, wenn sie die Produktlinie des Unternehmensberaters nicht orderten.

So sehen wir die ständige Gratwanderung zwischen beharrlich auf dem Weg bleiben und loslassen. Tatsächlich braucht es viel Fingerspitzengefühl und immer wieder die in der Meditation erlangte Klarheit, um prüfen zu können, ob die Verfolgung der eigenen Ziele sinnvoll oder der Anhaftung geschuldet ist.

Buddha im Business

Beginne mit dem erwünschten Ergebnis vor dem geistigen Auge

Damit Buddha unser geistiges Navi sicher durch den stürmischen Alltag lotsen kann, braucht er als Erstes immer das Ziel. Eigentlich logisch – wie in jedem Auto auch.

Eine Chefärztin in unserem Leadership-Seminar war fassungslos: »Wie soll das gehen, dass ich mir die Lösung von meinem Problem vorstelle, wenn ich noch gar nicht weiß, was die Lösung ist?« Ihr Verstand bäumte sich auf: So geht das doch nicht!

Tatsächlich geschieht hier ein Paradigmenwechsel. Die Chefärztin wusste nicht, wie sie sich entscheiden sollte: »Leitung im Krankenhaus oder eigene Praxis eröffnen?« Statt im Geiste hin und her zu springen, dabei viel Energie zu verschwenden und Zweifel sowie kritische Stimmen hochzukochen, konzentrierte sie sich in Verbindung mit dem Buddha auf das »Ende« – sie sah sich selbst in der besten Version von sich selbst, stark, groß, leuchtend und glücklich. In diesem Zielbild hatte sie die für sie richtige und angemessene Entscheidung getroffen.

Auch wenn sie auf der Ebene von Zeit und Raum, als sie aus der Meditation zurückkam, noch immer nicht wusste, welche Entscheidung für sie die »richtige« sein würde. Trotzdem erlebte sie jetzt im Körper bereits, wie sich das anfühlt, die richtige Entscheidung getroffen zu haben. Dies wiederum erleichterte ihr das alltägliche Leben als Chefärztin im Krankenhaus. Sie war trotz der ungewissen Zukunft gut gelaunt.

3. Unwissenheit

Unter Unwissenheit verstehen wir hier keineswegs mangelnde Bildung, etwa dass man nicht alle Hauptstädte der Welt aufzählen kann. Im buddhistischen Sinne meint Unwissenheit das fehlende Verständnis dafür, wie unser Geist funktioniert und wie wir mit diesem Geist umgehen können. Das erinnert uns immer an unsere NLP-Seminare, in denen wir unter anderem lehren, wie Kommunikation funktioniert und was geschieht, wenn Menschen eine Gruppe bilden. Dabei laufen gewisse Prozesse ab, die eine bestimmte Struktur haben und sich stets aufs Neue wiederholen. Wenn man das nicht weiß, kommt man, wie es so schön heißt, vom Regen in die Traufe und wundert sich womöglich, warum es hier so nass ist. Unwissenheit bedeutet jedoch auf der tiefsten Ebene, nicht zu wissen, dass wir freie, leuchtende Wesen sind. Wir sind unwissend, weil uns nicht bewusst ist, dass in jedem von uns eine strahlende Buddha-Natur steckt.

Wenn man in Unwissenheit feststeckt und keine Kenntnis in der wahren Natur des Geistes hat, geht man seinen Projektionen auf den Leim, den negativen wie den positiven. So entstehen viele Missverständnisse, viel Kummer und Verletzung in alltäglichen Situationen mit Mitarbeitern und Kunden, weil wir nicht bewusst wahrnehmen, was auf der geistigen Ebene wirklich passiert. Ein Bruch in der Kommunikation kann geschehen, weil das Tempo des anderen viel zu schnell ist, und wäre sofort gelöst, wäre das Bewusstsein dafür da. Stattdessen wird der andere verurteilt oder verachtet, weil man ihn für zu langsam hält. (Mehr zu diesem Thema – bewusster kommunizieren – finden Sie in unserem Buch *Richtig gut rüberkommen.*)

Eine weitere Ursache von viel Leid durch Unwissenheit ist das alltägliche Drama. Heftige Anklagen, endloses Jammern oder übergriffiges Besserwissen und das Manipulieren anderer sind

Anzeichen für das berühmte Psychospiel Drama. (Mehr darüber finden Sie in unserem Buch *Schluss mit Psychospielchen.*)

Unwissenheit führt zu viel Leiden und Unzufriedenheit, weil die Realität falsch wahrgenommen wird. Ein Drama wird nicht erkannt und somit auch nicht der mögliche Ausstieg aus dem Drama. Sehr oft weiß unser Unterbewusstsein, dass wir in vielen Bereichen unwissend sind, geben uns jedoch trotzdem als allwissend aus und beharren auf unserer Meinung, wollen recht behalten, auch wenn ein Teil in uns weiß, dass auch der andere recht haben könnte. Deswegen nennt man im Buddhismus die Unwissenheit auch »Ignoranz«, denn selbst wenn wir unsere Unwissenheit erkennen, nehmen wir selten eine Exit-Tür und vertiefen unsere psychologische Bildung, stattdessen ignorieren wir diesen Teil in uns.

Wie wirkt sich Unwissenheit in einem Unternehmen aus? Frank ist Geschäftsführer einer Firma in der Versicherungsbranche und kommt aus der »alten Schule«. Schon sein Vater war Verkaufsleiter, und er ist nun als Geschäftsführer eine Stufe höher geklettert.

Sein Führungsstil erinnert an einen alten Fußballtrainer mit Zuckerbrot und Peitsche. Seine zum Teil cholerischen Anfälle verschreckten die jüngeren Generationen von Mitarbeitern, und sie verließen in Scharen die Firma. Dies zwang Frank zum Umdenken, und seine Frau überredete ihn, zu einem Coaching zu kommen.

Am Anfang unserer Zusammenarbeit stand heftiger Widerstand seinerseits, doch seine Intelligenz siegte schlussendlich über seine emotionale cholerische Seite. Er lernte, dass es sinnvoller ist, strategisch und klug Feedback zu geben, und übte dieses neue Verhalten zwei Tage lang im Coaching. In der Firma setzte er das gelernte neue Verhalten beharrlich und konsequent ein. Die Mitarbeiter fühlten sich nun respektiert und verstanden, und sie konnten gleichzeitig sein Feedback annehmen und ihr Verhalten ändern – all dies ohne »böse« Worte.

Unwissenheit kreiert viel Leid, und dieses Leid kann auf Gehirnscans abgebildet werden, zum Beispiel bei der Erforschung von Depressionen. In letzter Zeit gibt es einige Studien, welche die Auswirkungen der buddhistischen Praxis auf unser Gehirn erforschen, so zum Beispiel in der Zusammenarbeit des tibetischen Meditationsmeisters Yongey Mingyur Rinpoche mit dem Neurowissenschaftler Francisco Varela. Auch der Dalai-Lama interessiert sich sehr für dieses Thema und hat in der Vergangenheit mehrere neurologische Kongresse geleitet, auf denen buddhistische Philosophie, Psychologie und der Zusammenhang mit Neurowissenschaft erforscht und gezeigt wurden.

Unwissenheit zu verringern heißt, Bewusstsein zu schaffen, die Funktionsweise des Geistes und der Kommunikation zu verstehen – und das ist eine Voraussetzung für ein glückliches Leben und unternehmerischen Erfolg. Aus der Erkenntnis der eigenen Unwissenheit, dass wir fluide Wesen sind, also nicht ein starres Selbst, entspringt die Motivation, zu lernen, zu erkennen, zu wachsen, zu reifen – tägliche Selbstreflexion!

Von der Fähigkeit, sich selbst zu reflektieren

Als wir unsere Leadership-Akademie in den Neunzigerjahren gründeten, galt es als *fresh and new*, sich mit Glaubenssätzen zu befassen. Ein systemischer Ansatz, die Anlehnung an kreative Psychologie war revolutionär. Psychologie war der Hit im Coaching, bei dem man sich ganz ungefährlich im »gesunden« Bereich befand. Sollten die Neurotiker ruhig zum Psychologen gehen, man selbst buchte ein Coaching oder ließ es von der Firma bezahlen. Coaching ohne Psychologie ist nicht möglich, ein guter Coach ist ein guter Psychologe, ein Menschenkenner und Menschenfreund – und idealerweise arbeitet er systemisch.

Die moderne Psychologie und der Buddhismus haben viele Gemeinsamkeiten. Anstatt seelischen Schmerz, Leid, Probleme zu vertuschen, zu verdrängen, vor ihnen wegzulaufen oder sie auf andere zu projizieren, wenden wir uns ihnen zu. Denn Probleme sind nur zu lösen, wenn wir uns mit ihnen befassen. Allerdings werden Probleme in der modernen Psychologie anders bewertet als im Buddhismus. Viele Psychologen und Therapeuten sehen in Problemen Störfaktoren, die das Glück behindern. In der Therapie sollen diese Hindernisse bearbeitet und aufgelöst werden, damit der betreffende Mensch, der »Patient« statt »Klient« genannt wird, in die Lebensfreude findet.

Im buddhistischen Denken betrachten wir unsere Probleme als gute Freunde. Wir werden dazu aufgefordert, uns ihnen bewusst zu widmen als eine Form der geistigen Schulung. So lernen wir, uns von unseren unbewussten Emotionen zu befreien. Unsere Probleme zeigen uns klar und deutlich, wie es um unsere seelische Gesundheit bestellt ist. Aus dieser Perspektive betrachtet, sind Probleme echte Freunde, keine, die uns nach dem Mund reden. Im Buddhismus erforschen wir jene Aspekte unserer geistigen Haltung, mit denen wir uns selbst behindern.

Je besser wir uns kennenlernen und verstehen, desto größer wird unser Einfluss auf unsere seelisch-geistige Verfassung, die wiederum unsere innere Haltung prägt, mit der wir kommunizieren. Ist uns eine Laus über die Leber gelaufen, oder tummeln sich da gleich mehrere? Wissen wir das überhaupt, oder halten wir den Zoo für normal? Und wie verändert sich das Ergebnis eines Konfliktgespräches mit oder ohne Laus über der Leber – und wenn wir es wissen oder nicht? Laufen uns in einem Mitarbeitergespräch Läuse über die Leber, wird die Stimmung anders sein, als wenn wir diese Unruhestifter vorher eingefangen haben. Der Schlüssel zum Erfolg, womit das Wohl aller Beteiligten gemeint ist, liegt also darin, unseren Geist zu trainieren.

Kann man einen Mitarbeiter motivieren, fördern und fordern, ohne ihn als Menschen wahrzunehmen? Unserer Überzeugung nach nicht; doch wir erlebten kuriose Situationen in unseren Anfangsjahren, als viele Fortbildungsmaßnahmen eher Erwartungsleistungen am Mitarbeiter waren: »Er ist nicht mehr motiviert, bringt nicht hundertfünfzig Prozent Einsatz, wirkt müde, macht keine Überstunden mehr, und die Zahlen stimmen auch nicht. Macht was, damit ich wieder meinen ›alten‹ Mitarbeiter zurückbekomme, dass er wieder für mich und mein Unternehmen brennt und der Job sein Lebenselixier ist.«

Nach einer Sitzung mit einem wie eben beschrieben gepolten Verkaufsleiter verabschiedete er sich mit den Worten: »Ich treffe jetzt gleich meine kleinen Osterhasen und hoffe, sie bringen mir ausnahmsweise mal genügend Eier.« Damit meinte er seine Außendienstmitarbeiter. Auch wenn er sie persönlich nicht als Osterhasen ansprach … die Verachtung, die er für sie empfand, war spürbar. Somit verwunderte es nicht, dass die Ausbeute der Nester überschaubar blieb. Er traute seinen Mitarbeitern nichts zu, plusterte sich vor ihnen auf, gab sich autoritär, selbstsicher, potent. Vermutlich steckte in ihm ein kleiner Osterhase, der lebenslänglich mit dem Igel seiner Ängste um die Wette lief … ohne es zu wissen. Buddha-Coaching heißt: Licht ins Dunkel bringen.

Die ersten zwanzig Jahre prägen unser Leben. Wie fertig … oder wie unfertig … kommen wir in der Berufswelt an? Das ist keinem Abschlusszeugnis zu entnehmen. Dafür braucht es Menschenkenntnis, über die wiederum nur verfügt, wer Kenntnis über sich selbst hat. Verantwortung im Beruf ist nicht zu trennen von der persönlichen Reife, weil wir sonst im Job unsere Kindheitsmuster nachspielen. Wer merkt, dass er dazu neigt, kann mit einem Coaching die Abkürzung nehmen zum eigenen Wohle und dem der Mitarbeiter, der Firma und der Familie.

In unserer Anfangszeit schulten wir sehr oft Außendienstmitarbeiter und waren zuweilen regelrecht erschüttert über die Scheuklappen in ihrem Geist. Das Einzige, was sie interessierte, war ihr Umsatzziel, das ihre Vorgesetzten stetig höherschraubten, denn mit dem Ziel waren auch die hohen Provisionen verbunden. Und ja, da konnte man sich durchaus als aufziehbarer Osterhase fühlen, und die Schraube im Rücken wurde immer fester gedreht. Behutsam führten wir unsere Klienten in eine neue Perspektive. Wir fragten: »Wie bereiten Sie sich auf Ihre Kunden- und Mitarbeitergespräche vor?«

Und hörten: »Gar nicht.« Die Strategie lautete: »Druck erhöhen.« Wir waren oft fassungslos, wie unwissend diese Menschen waren und wie schwer sie es sich machten, wie viel Leid sie ertrugen, ohne zu wissen, dass es eine leuchtende Alternative gibt. Keine Ahnung davon, wie der Geist funktioniert, keine Vorbereitung auf den Tag. Das Einzige, was zählte, waren die Umsatzziele.

Wenn wir erklärten, dass diese auch auf einem anderen und unserer Meinung nach besseren Weg erreicht werden konnten, nämlich zum Wohle aller Beteiligten, nahmen wir hin und wieder nicht nur ungläubiges Staunen, sondern auch Überheblichkeit wahr. Da merkten wir, dass auch wir uns entscheiden mussten, wie wir arbeiten wollten. Wir konnten nicht klares Wasser predigen und Wodka trinken. Wir gingen in uns, denn die Entscheidung war nicht leicht. Wir hatten zahlreiche Kunden, die im Mitarbeiter nur ein Asset sahen, und wir haben damit gut verdient. Konnten wir es uns leisten, diese Kunden abzustoßen? Wir zogen uns zurück, um Abstand zu gewinnen, und bauten dabei gemeinsam unsere Vision für das Unternehmen auf und definierten klare Ziele. Wir sahen uns in der Zukunft – in zehn und zwanzig Jahren – nach dem Erreichen unserer Ziele und spürten aber ebenso, wie es uns ginge, würden wir an dem aktuell kurzfristigen Erfolg ohne Veränderung weiterarbeiten. Dann war die Entscheidung klar, wir verabschiedeten uns von den die Mitarbeiter ausbeutenden Firmen und achteten bei neuen Aufträgen bewusst darauf, ob die Firma den Mitarbeiter auch als Menschen sieht, ihn fördern, entwickeln und natürlich auch fordern möchte, aber als Menschen, nicht als lebende Maschine.

Und wie es so oft im Leben ist, trifft man, wenn man klare Entscheidungen fällt, auch die richtigen Leute. Viele Zufälle führten eine Reihe von Unternehmern zu uns, die zum Teil heute noch Seminare bei uns buchen, seit zwanzig, dreißig Jahren. Wir schulten Generationen von Mitarbeitern … und heute oft die Kinder der Klienten, was uns mit großer Freude erfüllt, denn ist das nicht eine sehr hohe Form der Zustimmung?

Das Kernstück von Buddha-Coaching ist der Unternehmer, die Führungskraft. Am Ende des Tages ist er verantwortlich für den Erfolg und Misserfolg der Firma. Er ist verantwortlich für:

- Struktur und Organigramm,
- Aufbau und Abläufe,
- Strategie und Ziele,
- Vision und Mission,
- Unternehmenskultur sowie
- Budget und Finanzen.

Wir haben das oft erlebt in den letzten fünfunddreißig Jahren: Der Mind des Unternehmers prägt alles. Als Coach von außen kann man das deutlich erkennen. Wenn man mittendrin sitzt, ist das manchmal nicht zu sehen. Somit fängt das Buddha-Coaching von oben an. Der Unternehmer prägt die Atmosphäre, seine vorhandenen und nicht vorhandenen Strategien prägen die Entwicklung der Organisation, die gelebte dokumentierte oder nicht dokumentierte Struktur bringt Klarheit oder führt zu Machtspielchen im Team. Während unzähliger Teamtrainings für Mitarbeiter wurde uns sehr oft klar, dass ein nicht erfolgreiches oder homogenes Team eine verfehlte Führung spiegelt. Wie heißt es so schön: Der Fisch stinkt immer zuerst am Kopf.

Deshalb änderten wir vor Jahren unsere Strategie. Wenn wir solche Anfragen bekommen, empfehlen wir dem Unternehmer, sich selbst erst mal zu renovieren und zu entwickeln. Dann ergibt sich zumeist der Rest. Das hat sich bestätigt und bewährt. Ausnahmen:

1. Der Karren ist emotional so festgefahren, dass es ohne Coaching-Trainer-Hilfe nicht mehr weitergeht.
2. Echtes Interesse, die Firma langfristig zu entwickeln.
3. Der Unternehmer ist bereits eine entwickelte Persönlichkeit und möchte seine Firma durch einen Coaching-Prozess langfristig entwickeln.

Buddha im Business

Auch Kunden gelangen in den Buddha-Space

Die meisten Verkäufer haben Checklisten. Aber wenn sie mit Checklisten arbeiten, erfassen sie nicht den Kunden als menschlich fühlendes Wesen und das, was mit ihm los ist, man hat dann nur sein eigenes Ziel im Kopf mit der Ablaufstrategie. Diese hat mit dem Kunden aber nichts zu tun, sie dient dazu, das Zeug zu verkaufen. Wenn der Kunde das merkt, dann ist er schon im Widerstand, und der Verkäufer hat den Kunden verloren. Die Ablaufstrategien muss man im Hintergrund haben, niemals dürfen sie das Gesprächsgeschehen dominieren.

»Ich brauch jetzt unbedingt mal den Umsatz von zehntausend, damit die Woche abgeschlossen werden kann«: Der Verkäufer hört noch die Stimme seines Chefs, der ihn abgekanzelt hat (»Hauen Sie das jetzt nicht auch noch in die Tonne«), und dadurch ist sein innerer Zustand total eng. Mit zugeschnürter Kehle beginnt er sein Verkaufsgespräch, in dem er seine übliche Strategie gestresst abspult. Den Kunden vor sich nimmt er gar nicht wahr. Dieser verabschiedet sich nach kurzer Zeit unwirsch. Was ist denn jetzt falsch gelaufen? Der Verkäufer hat sich doch nach dem Firmenschema korrekt verhalten.

Wenn dieser Außendienstler eine innere Transformation beginnt, kann er verstehen, dass das Schema das Unwichtigste ist. Wichtiger sind seine Körperhaltung, seine Stimme, sein innerer Zustand. Nun erlebt er einen Paradigmenwechsel – genauso wie sein Kollege Rudi, der angefangen hat, seine Präsentationen im Buddha-Feld vorzubereiten. Er ist so in seiner Buddha-Natur, dass der Druck seines Chefs völlig im Hintergrund bleibt, er spürt ihn gar nicht mehr, er spielt keine Rolle. Entscheidend ist für ihn, dass er sich innerlich intelligent, groß, stark und leuchtend erlebt. Und er ist gut vorbereitet, immer. Rudi visualisiert: Dieses Gespräch wird Tiefe haben. Wir sind in einem erhebenden Gesprächs-Flow zusammen. Am Ende werde ich am Gesicht meines Kunden erkennen, dass er in diesen erhebenden Zustand gekommen ist.

Und genau so macht er es. Er geht gut vorbereitet in das Gespräch; und weil er keinen Druck verspürt, lässt er die Kunden reden, in nonverbaler Verbindung von seinem Herzen spricht er von seiner Buddha-Natur aus zu ihrer Buddha-Natur. Und weil Rudi nicht gestresst ist, bleibt die Atmosphäre gut, und eine Kundin erzählt und erzählt, gar nichts Geschäftliches, sondern von ihrer Familie. Er ist mit ihr verbunden, es wird mit keinem Satz über die Produkte gesprochen, und er biegt das Gespräch auch nicht dorthin, doch am Ende, völlig unvermittelt, teilt die Kundin Rudi mit, dass sie einen Lizenzvertrag mit seiner Firma abschließen möchte. Damit fuhr er den größten Erfolg des Monats ein.

Wie das Buddha-Feld auf die Umgebung wirkt

Es gibt nicht nur eine relative Ebene, auf der die »normale« Psychologie und das »normale« Coaching funktionieren, auf der es darum geht, wie ich auf andere Menschen wirke, sondern es gibt auch eine höhere Ebene, welche »die absolute Ebene« genannt wird; und dort leuchtet die Intelligenz der inneren Buddha-Natur. Ihre Intelligenz verbindet sich mit der Intelligenz der inneren Buddha-Natur anderer Menschen. Das Quantenfeld – ein Feld von Wellen und Teilchen purer, reiner, allumfassender Energie und Weisheit, in dem es weder Raum noch Zeit gibt – zu leugnen, wäre für uns, als würde man einen Deckel auf das Potenzial der Menschen legen. Wir sehen unsere Klienten als ganze Menschen, als das leuchtende Energiefeld. Mit all ihren Möglichkeiten, wie sie leben, was sie beflügelt. Wir interessieren uns immer für den ganzen Menschen, und das hat oft Folgen zum Wohle aller.

Ein Beispiel: Wir waren für ein Zweitagesseminar gebucht, Cornelia wollte im Frühstücksraum des Hotels einen Latte macchiato trinken. Zufällig setzte sich Bettina an ihren Tisch, Anfang dreißig. Beide hatten keine Ahnung, dass sie sich gleich im Seminar begegnen würden. Schnell herrschte eine vertraute Stimmung, und Bettina, spätere Teilnehmerin am Seminar, schüttete nicht nur ihr Herz aus, sie brach in Tränen aus. Sie hatte gerade eine SMS von ihrem Ex-Mann erhalten, der war im Urlaub mit seiner Neuen … Seine Neue war eine Mitarbeiterin aus ihrem gemeinsamen Geschäft, und wie sollte das jetzt nur weitergehen?

Diese Information veränderte für uns die Art und Weise, wie wir im Seminar mit Bettina umgingen. Wir holten sie da ab, wo sie stand, wie es so schön heißt und wie man es fast nicht mehr hören kann, ohne vielleicht wirklich begriffen zu haben, was das bedeutet, nämlich keinen eigenen Standpunkt zu haben, sondern flexibel auf die Bedürfnisse des Gegenübers zu reagieren, Vertrauen aufzubauen und dann in die Führung zu gehen.

Zehn Jahre später – Bettina hatte längst das Geschäft übernommen und erfolgreich weitere Filialen aufgebaut – erzählte sie uns, dass sie damals beim ersten Seminar keinen freien Kopf für irgendwelche Kommunikationsinhalte gehabt hätte. Weil wir ihre emotionale Befindlichkeit berücksichtigten, sprich, sie gespiegelt haben – voller Mitgefühl für ihre Verzweiflung –, und ihr im Seminar gleichzeitig neue Perspektiven dazu aufzeigten, konnte sie sich für die Inhalte öffnen und stellte fest, dass alles, was wir sagten, genau das war, was sie in diesem Moment wissen musste.

Natürlich hörte sie nur, was sie aktuell brauchte, aber damit das funktionierte, musste zuerst einmal eine Vertrauensbasis hergestellt werden. Wenn diese Basis vorhanden ist, kann das Bewusstsein von jedem Seminarteilnehmer genau das aufnehmen, was jetzt aktuell weiterhilft.

Diesbezüglich haben wir schon sehr interessante Rückmeldungen bekommen. So bedankte sich eine Teilnehmerin, erfolgreiche Verkaufsleiterin im IT-Bereich eines Seminars, weil sie jetzt erkannt hatte, was zu tun sei: kündigen! »Danke für die vielen Erkenntnisse, endlich kann ich die Realität meiner beruflichen Situation klar sehen und die schon lange notwendige Entscheidung treffen.« Im gleichen Seminar lautete das Resümee eines anderen Teilnehmers: bleiben! »Ich bin in meiner Firma an der richtigen Leader-Stelle. Jetzt geht es darum, meine wirkliche Verantwortung anzunehmen.«

Diese innere, wenn auch verschiedene Klarheit im Feedback der Teilnehmer begeistert uns immer wieder aufs Neue. Es beweist: Ein klar sortierter Geist, verbunden mit der Intelligenz der innewohnenden Buddha-Natur, führt zu einer gestärkten inneren Haltung und entsprechendem Handeln.

Der gute Draht nach oben

Eva war eine sehr kritische Seminarteilnehmerin, die alles hinterfragte, sich dann aber doch auf unsere Inspirationen einließ und sie in die Tat umsetzte. Als Verkaufsleiterin war sie zuständig für eine große Außendiensttruppe in der Schweiz, Österreich und Deutschland. Zweihundert Tage im Jahr war sie unterwegs und konnte doch nie alle ihre Mitarbeiter Face to Face betreuen. Egal, wo sie aufwachte, jeden Morgen meditierte sie auf alle ihre Außendienstleute. Sie baute erst den energetischen Strom zu dem leuchtenden Buddha in ihrem Geiste auf, sprich der Buddha-Natur. Sie atmete diesen tief ein, bis sie sich selbst als leuchtend erlebte. Dann erweiterte sie diesen goldenen Strom aus ihrem Herzen und berührte in ihrem Geist jeden Einzelnen ihrer fünfundvierzig Außendienstmitarbeiter. Unabhängig von deren Persönlichkeiten oder ob sie diese mehr oder weniger sympathisch fand. Auf der Ebene der Buddhas verband Eva sich mit dem goldenen Strom mit jedem Einzelnen. Ihre vorher schon guten Zahlen schnellten in die Höhe, sie war die beliebteste Chefin bei allen Außendienstlern. Alles lief wie von selbst. Von selbst? Bei einem großen Meeting fasste es ein Mitarbeiter in folgende Worte: »Auch wenn Sie nicht oft bei uns sind, irgendwie haben wir immer einen guten Draht zu Ihnen.«

Eva hatte einen spirituellen Draht aufgebaut. Einen Draht zu ihren Mitarbeitern haben auch manche Chefs in kleinen und mittelständischen Unternehmen, in denen die Mitarbeiter quasi adoptiert werden: »Wir sind hier wie eine Familie.« Was konzernpolitisch oft eher ein Slogan sein mag, haben wir in solchen Unternehmen tatsächlich erlebt, vor allem, wenn ein warmherziger, kluger und lebenserfahrener Seniorchef oder eine Seniorchefin an der Spitze steht. Eine kraftvolle, beseelte Autoritätsfigur für viele Mitarbeiter, die ihren Rat auch in familiären Angelegenheiten erbitten. Ein respektierter Mentor, der die bewussten und unbewussten Fähigkeiten und Talente anspricht und fördert. Dessen klare Feedbacks zur inneren Weiterentwicklung motivieren und beflügeln.

Einer unserer Lieblingskunden ist so ein beseelter charismatischer Leader. Wenn seine Mitarbeiter von ihm sprechen, strahlen ihre Augen, und man spürt die herzliche Verbindung, die sie mit ihm haben. Durch ihn fühlen sie sich gut aufgehoben in der Firma. Solche charismatischen Führungsfiguren trifft man leider heute selten. In großen Firmen ist die Spitze ohnehin austauschbar, auch wenn jeder sich für unersetzlich hält.

Wodurch wird eine Führungskraft unersetzlich? Es sind die gelebten humanistischen Werte, die den Unterschied machen: ein klarer, weiser Geist, eine gesunde, innere Autorität, genährt aus der Buddha-Natur, Herzenswärme und Empathie, gepaart mit viel Humor und immer, immer lösungsorientiert. Werte, zu denen wir uns auch im Buddha-Coaching bekennen. Und deshalb erfüllt uns die Verbindung zwischen Buddha und Business mit so viel Glück und Freude.

Vielleicht kennen Sie das wundervolle Zitat von Antoine de Saint-Exupéry: »Wenn du ein Schiff bauen willst, beginne nicht damit, Holz zusammenzusuchen, Bretter zu schneiden und die Arbeit zu verteilen, sondern erwecke in den Herzen der Menschen die Sehnsucht nach dem großen, weiten Meer.«

Solche Ziele beflügeln uns, nicht eine Stückzahl von tausend pro Woche, die wir erreichen sollen. Materielle Ziele haben ihre Berechtigung, doch die Sehnsucht und die Sinnhaftigkeit heben die Begrenzung der Materie auf, und wir wachsen über uns selbst hinaus. Hinaus? Nein, genau genommen hinein: in unsere Buddha-Natur. Und wenn unsere Seminarteilnehmer uns dann mit strahlenden Augen und weit geöffneten Herzen anblicken, haben auch wir unser Ziel erreicht: Menschen bei ihrem Wachstum zu unterstützen. Dass sie dann nebenbei auch noch beruflich mehr schaffen, ist quasi ein Nebeneffekt.

Als kluge Führungskraft schart man Menschen um sich, die in ihrer Position Sehnsüchte stillen, sich verwirklichen können. Viele leidenschaftliche Friseurunternehmerinnen, die wir begleiten, begnadete, weise Führungskräfte und Mentorinnen erkennen die Gabe ihrer Mitarbeiter und setzen sie an die richtige Stelle, damit sie in ihrem Potenzial und in ihren Stärken aufblühen. »Buddhas in Business« heißt in einer Firma mit einem bereichernden Buddha-Feld, dass jeder Mitarbeiter an der für ihn und seine Talente genau richtigen Stelle wirkt.

Um seine Mitarbeiter an die richtigen Stellen zu setzen, muss man nicht nur *sie* gut einschätzen, sondern als Erstes *sich selbst* gut kennen! Selbstreflexion zu üben, seinen Geist untersuchen zu lernen und ihn von vielen Missverständnissen und Irrtümern, sprich: falschen Glaubenssätzen, zu befreien ist die Voraussetzung.

Die Quelle der Motivation bestimmt unser Energiefeld

Leider erleben viele Menschen diese Freude nicht, an ihrem Arbeitsplatz am rechten Ort zu sein. Häufig besteht die einzige Motivation, überhaupt zu arbeiten, in der Notwendigkeit, Miete und Rechnungen zu bezahlen oder einen gewissen Lebensstandard erhalten zu können – auch wenn man vieles, was man meint, haben zu müssen, oftmals gar nicht wirklich benötigt.

Folgende vier Antreiber motivieren Menschen, morgens aufzustehen:

1. Die erste Gruppe arbeitet, weil es notwendig ist, sein Leben zu finanzieren, und weil es ein wesentlicher Teil unserer Gesellschaft ist, denn aus dem Job oder Titel ziehen viele Menschen ihre Anerkennung, ihre Daseinsberechtigung, stärken

ihr Ego und spüren ihre Wichtigkeit. Oftmals glaubt man, dass dies die Treiber für das Arbeiten sind, doch die wahre Motivation ist bei vielen Menschen von etwas weg, nämlich weg von der Angst, ein Niemand zu sein, nichts bewirken zu können oder arm zu sein, nicht mit den Nachbarn und Freunden mithalten zu können. Das ist eine sehr starke Motivation, und nicht wenige Millionäre haben ihr Vermögen auf der Flucht vor dieser Angst erworben. Doch der Preis ist ein hoher, wenn Angst unser größter Antreiber ist. Ein von Angst getriebenes Leben flutet den Körper ständig mit Stresshormonen – kein schönes Gefühl. Auch die Gesellschaft solcher Menschen ist nicht angenehm, denn ihre Angst wirkt ansteckend, ihr Stress ermüdend.

2. Eine zweite Gruppe zieht ebenfalls die Motivation zum Arbeiten von etwas weg, nämlich weg von der Sorge, als Hauptverdiener die Familie nicht gut ernähren zu können. Dann arbeitet man aus Pflichtbewusstsein, wegen des gesellschaftlichen oder familiären Drucks. Das ist genauso anstrengend und energieraubend. Solche Menschen fühlen sich oft wie im Hamsterrad. Wie bei der Angst, die einen antreibt, kommt diese Motivation von außen. Man ist nicht in Verbindung mit etwas Höherem.
3. Die dritte Gruppe arbeitet zwar auch aus Pflichtgefühl, doch sie weiß, warum sie es tut: aus Liebe zu ihrer Familie. Und deshalb ist die Pflichterfüllung nicht so anstrengend und macht keinen solchen Druck. Die Liebe bringt sie auf eine höhere Ebene. Wir sehen das öfter, wenn Söhne oder Töchter eine Firma übernehmen, obwohl sie eigentlich andere Interessen hätten. Die Liebe zu ihrer Familie und den Werten, der Tradition erfüllt sie so sehr, dass der Verzicht auf ihre eigenen Interessen vergleichsweise gut kompensiert werden kann.
4. Die vierte Motivation, die uns antreiben kann, ist die optimale: Man ist so verbunden mit dem Geist des Buddha, dass

man liebt, was man tut, und man liebt die Menschen, mit denen man es zu tun hat. Wenn Sie sich die Frage stellen, ob Sie zur vierten Gruppe gehören, dann beobachten Sie sich: Ist ihr Arbeitsalltag leicht? Sind Sie im Flow? Ein Kennzeichen, dass man nicht wegen Ängsten, Sorgen oder aus Pflichtgefühl arbeitet, besteht darin, dass die Dinge, Projekte, Aufgaben und Tätigkeiten im Flow geschehen, das heißt einfach und gleichzeitig und erfolgreich im geplanten Timing ablaufen. Dies kombiniert mit einem guten Arbeitsklima, einem Montagmorgen, an dem Sie gern aufstehen und sich genauso freuen wie am Freitag, sind Indikatoren, dass Sie getragen sind vom Buddha-Feld am Arbeitsplatz.

Dies bedeutet im Umkehrschluss, dass wir nie etwas tun sollten, was wir hassen. Wenn wir schon nichts finden können, was wir lieben, und das kommt vor, dann sollten wir doch etwas tun, was wir für andere tun oder was wir wenigstens mögen. Und vor allem sollten wir darauf achten, uns selbst keinen Druck zu machen, indem wir uns zum Beispiel in bestimmte Berufe zwängen, nur weil sie ein hohes Prestige genießen. Nicht jeder taugt zum Arzt, zum Piloten, zum Künstler oder hat die Fähigkeit, ein Start-up zum Erfolg zu führen. Wenn wir das, was wir tun, in Liebe tun, verbunden mit unserer Buddha-Natur, erwachsen uns ungeahnte Kräfte, sodass wir meistern können, was das Leben für uns bereithält – weil wir uns nicht überidentifizieren mit unserem Ego. Denn das ist die Ursache allen Übels aus buddhistischer Sicht. Wer am Ego klebt, wer alles persönlich nimmt, wem die Fähigkeit fehlt, sich mit dem göttlichen WiFi zu verbinden, für den ist das Leid, das nun einmal zum Leben dazugehört, eine Katastrophe.

Erfolgs-Exit ins Buddha-Feld

1. Selbstwahrnehmung

Wenn etwas nicht stimmt, merken wir das immer in unserem Körper. Also: Schulen Sie Ihre Selbstwahrnehmung und werden Sie aufmerksam, falls sich etwas verändert. Ist Ihnen plötzlich heiß? Spüren Sie eine Enge in der Brust? Rast Ihr Herz? Haben Sie plötzlich ein flaues Gefühl im Magen? Fühlen Sie sich insgesamt schwer und eng? Haben Sie Ihre bewusste Atmung vergessen, atmen Sie nur mehr oberflächlich? Sind Sie oft krank, oder müssen Sie viele Tabletten nehmen, um fit zu bleiben?

Kurz: Sie nehmen wahr, dass etwas gerade ins Stocken gerät.

2. Situationsanalyse

Wenn ein Gespräch eine komische Energie bekommt, stockt, nicht mehr harmonisch verläuft oder nur mehr aus Konfrontation besteht, dann gehen Sie in die Vogelperspektive und prüfen Sie: Welches Psychospiel wird aufgeführt? Wer steht auf welcher Position? Was könnten die unbewussten oder nur geheimen Absichten Ihres Gegenübers sein? Hören Sie die typischen Opfersätze, oder geht jemand zum Angriff über? Spüren Sie in sich einen Impuls, in den Retter zu springen? Oder fühlen Sie sich selbst als Opfer? Geht es um die Sache oder nur noch um die Drama- beziehungsweise Egospiele?

Kurz: Schauen Sie hinter die Kulissen!

3. Beobachten

Nachdem Sie die Situation reflektiert haben, ist es wichtig, auszusteigen und eine andere Perspektive einzunehmen. Es gibt eine vierte, eine neutrale Position im Drama-Dreieck, von der aus Sie niemals mitspielen: Klinken Sie sich innerlich aus, und beobachten Sie die Szene wie ein Schiedsrichter auf dem Center-Court. Sie überblicken das ganze Spielfeld, erkennen alle Spielzüge, sind aber nicht Teil des Spiels. In der Beobachterposition können Sie sich von Ihren Gefühlen distanzieren. Die negativen Emotionen, die Sie wahrnehmen, gehören nicht zu Ihnen. Sondern zu den Drama-Dreiecklern.

Kurz: Erweitern Sie Ihr Blickfeld.

4. Aufsteigen

Wechseln Sie vom Spielfeld ins Buddha-Feld:

1. Langsam und bewusst atmen. Den Körper finden, den Körper beruhigen und fühlen.
2. Auditiv: sich selbst sagen: »Ich bin ein starker, leuchtender, großer und intelligenter Buddha.«
3. Visuell: den Buddha um sich herum sehen.
4. Integrieren: den Buddha langsam einatmen.
5. Weiter ins Innere ziehen, sich ausdehnen lassen.
6. Jetzt sind wir in der richtigen Frequenz, finden die richtigen Worte, und unsere Stimme hat die richtige Tonalität.
7. In dem erhöhten Bewusstseinszustand als Buddha, in dem wir die richtigen Worte finden und diese in der richtigen Tonalität aussprechen, führen wir alle Beteiligten aus dem Drama heraus, um sich wieder auf das Ziel auszurichten und die richtigen Lösungen zu finden.

Lernen mit Buddha: die Vier Edlen Wahrheiten

Nachdem Siddhartha Erleuchtung erlangt hatte, wollte er seine Erfahrungen gern mit anderen Menschen teilen, die sehr beeindruckt und angezogen waren von seiner ruhigen Gelassenheit und Herzlichkeit. Doch wie sollte er das Unsagbare mitteilen? Und wer sollte es verstehen können ohne den Erfahrungshintergrund, den er nach seiner langen Suche hatte? Schließlich gab er seine erste Unterweisung, in der es der Überlieferung nach um die »Vier Edlen Wahrheiten« ging.

Warum sind diese Vier Edlen Wahrheiten auch nach zweieinhalbtausend Jahren für Unternehmer von heute so entscheidend? In der Businesswelt kennen doch alle diese hochpeitschenden Motivationsansprachen an die Belegschaft: »Wir schaffen das«, »Wir sind die Besten«, »Gemeinsam sind wir stark« … Und ein paar Tage später erfolgt das Erwachen in der Ernüchterung der Realität: »Ja, aber so schwierig haben wir uns dieses Projekt nicht vorgestellt.«

»Jetzt bleibt doch mal positiv«, ermahnt dann der Optimist.

Beides hat seine Berechtigung. Nur positiv bleiben wäre, wie der spirituelle Meister Osho aus Indien kernig sagte, »Zuckerguss auf Scheiße kippen«. Nur wer bereit ist, die Realität hinter den Illusionen, dem Nebel falscher Glaubenssätze und Überzeugungen zu erkennen, blickt auf den Grund der Dinge. Und wer den Mut hat, der Ernüchterung ins Auge zu schauen, der findet Lösungen für die Probleme und kann das Leid beenden. Somit sind die Vier Edlen Wahrheiten paradoxerweise der Schlüssel zu mehr Erfolg, Glück und Lebensfreude, ein kurzer, knapper Reality-Check ohne Drama, eine innere geistige Haltung – nichts für Feiglinge! Wer sie nicht wahrhaben will, produziert immer wieder viel Zuckerguss und bereut es Jahre später womöglich, die Probleme nicht in Angriff genommen zu haben.

1. Leben heißt leiden; Leben ist seiner Natur nach Leid

Zugegeben, das klingt deprimierend und schrecklich, und wer im Wohlstand lebt, möchte das allzu gern vehement negieren. Doch es gibt verschiedene Arten von Leid, und es ist nicht von der Hand zu weisen, dass die Existenz in einem Körper mit leiblichen Bedürfnissen sehr schnell zu Leid führt, wenn diese Bedürfnisse nicht erfüllt werden: Hunger, Durst, Schlaf.

Es fängt schon morgens an, wenn wir aufwachen und zur Toilette müssen … und es aus irgendeinem Grund nicht tun könnten – wie schnell erwächst aus einem körperlichen Bedürfnis Schmerz? Oder wenn man einige Nächte nicht mehr schlafen konnte, wie wenig Energie verbleibt tagsüber, wie antriebslos müht man sich ab? Aber auch seelischer Schmerz führt zu sehr viel Leid. Die Enttäuschung, wenn ein großartiger Deal doch in die Hose ging. Wenn am Freitag die Umsatzzahlen der Woche weit unter dem angestrebten Ziel lagen. Wenn der ideale Kandidat sich für eine andere Firma entschieden hat oder wenn eine wundervolle Liebesbeziehung sich auseinanderlebt, die Kinder in der Patchworkfamilie nervend um ihre Positionen und Liebeszuwendungen buhlen, wenn die Eltern sterben oder die Kinder ausziehen. Schlussendlich erkennt man das Leiden, wenn man älter wird und weiß, dass auch der Tod einen selbst bald treffen wird. Die großen Leiden der Menschheit entstehen durch Nichtakzeptanz von Krankheit, Tod, Einsamkeit und fehlende Selbstliebe.

Leben ist Leiden, weil wir nicht annehmen wollen, dass es Leiden ist.

2. Leid ist kein Zufall; es hat Gründe und Ursachen

Erst wenn Punkt 1 klar ist – Leben heißt leiden –, erst dann sind wir bereit, etwas zu unternehmen. Wenn wir uns dem verweigern, erleben wir uns als Opfer und dem Schicksal ausgeliefert – das Schlimmste, was einem Unternehmer oder einer Unternehmerin geschehen kann. Denn dann geben wir alle unsere Kräfte ab und verlieren unsere Autorität als Führungskraft. Noch schlimmer, jetzt werden wir geführt von anderen, von den Umständen.

Die drei wesentlichen Gründe für Leid sind – wie bereits beschrieben – die drei Geistesgifte: Ablehnung, Anhaftung und Unwissenheit sowie der ständige Kreislauf des Karmas, das heißt die Ursache-Wirkungs-Schleife.

3. Leid kann überwunden werden; es gibt einen glückseligen Zustand der Freiheit von Leiden

Sobald wir die Realität anerkennen, dass es Leid gibt, sind wir nicht enttäuscht oder verzweifelt, weil sich unsere Erwartungen nicht erfüllen. Wenn wir wissen, was die Ursachen für Leid sind, können wir den nächsten Schritt gehen. Wir transformieren unsere kindischen Erwartungen dem Leben gegenüber – dass alles gut sein soll, was sich der jüngere Teil, das Kind im Mann, das Kind in der Frau wünscht – in eine innere Reife. Wir lernen, zu sehen und es auch auszuhalten, was wirklich ist. Eine reife, weise Persönlichkeit kann es aushalten, dass Leben Leiden ist, und ist bereit, es zu ändern, weil sie erkannt hat, was es zu ändern und zu transformieren gilt. Wenn die Person zu dieser Erkenntnis gelangt ist, gibt es nichts Wichtigeres mehr im Leben, als das Leid zu überwinden, und damit wird keine neue Ursache-Wirkungs-Schleife für leidvolle Erlebnisse mehr kreiert.

4. Es gibt einen Ausweg! Die Beendigung des Leids

Der Ausweg liegt darin, das ganze Leben als ein *work in progress* zu sehen. Wir sind kontinuierlich im Prozess, diesen Geist auszurichten auf die höchstmögliche Transformation als leuchtender Buddha. Jeder Tag ist ein Lernen, diesen Geist von alten Missverständnissen und Geistesgiften zu befreien und ins Leuchten zu bringen.

Das Leben ist paradox. So kann durch die tiefe Akzeptanz, dass das Leben Leiden ist, eine große Liebe zu diesem Leben entstehen. Nicht von jetzt auf gleich, sondern allmählich in einem Prozess, wenn wir den Pfad der Erkenntnis beschreiten – und das wäre im buddhistischen Sinne eine wirklich realistische Zielvorgabe! Dieser Pfad wird der »Edle Achtfache Pfad« genannt und führt durch die Transformation von acht Bereichen zu einem leidfreien Leben.

Buddha im Business

Dicke Luft: das Unausgesprochene ansprechen

Der Chef nimmt wahr, dass irgendetwas in einer Abteilung nicht stimmt: »Ich weiß nicht, was es ist.« Die Luft ist zum Schneiden. Der klassische Chef hofft, das möge irgendwie schon wieder vorbeigehen. Der buddhistische Chef hingegen hat den Mut, die Abteilung direkt darauf anzusprechen und zu sagen: »Ich nehme wahr, dass hier irgendetwas nicht stimmt. Ich nehme wahr, dass einige flüstern, andere nicht mehr miteinander reden. Ich bin irritiert, und ich wünsche mir, dass wir jetzt den weißen Elefanten ansprechen und ihr mir in euren Worten, und zwar jeder Einzelne von euch, sagt, was hier gerade läuft.«

So geschieht es: Der Chef notiert alles Ausgesprochene auf einem Flipchart. Der weiße Elefant wird sichtbar. Es werden neue Ziele definiert und Strategien erarbeitet – so weit das herkömmliche Coaching. Doch im Buddha-Coaching beschleunigt sich der Klärungsprozess durch die innere Haltung des buddhistischen entwickelten Leaders, und die Mitarbeiter gehen weniger in Abwehrhaltung.

Die Praxis mit Buddha

Wer noch keine oder wenig Erfahrungen mit der spirituellen Praxis hat, glaubt vielleicht, sie koste zu viel Zeit. Doch das Gegenteil ist der Fall. Die tägliche Praxis ist keine Pflicht, sondern die Kür! Wenn wir uns, bevor wir in den Tag starten, auf das Wesentliche besinnen und uns auf diesen vor uns liegenden Tag vorbereiten – nicht nur mit Aktenstudium, sondern mit spiritueller Kontaktaufnahme zu den Menschen, die wir treffen werden –, gewinnen wir Zeit, weil wir klar und konzentriert handeln. Wir hetzen nicht durch den Tag, sondern finden sogar noch Zeit, das Schöne am Wegrand zu sehen, zu atmen und unsere Lebendigkeit zu spüren. Denn das alles ist ja die Voraussetzung, um den Tag wirklich bewusst zu erleben. Die spirituelle Praxis ist wie ein roter Teppich für unseren Alltag. Und außerdem, mal ehrlich, die einzige Zeit, in der wir tatsächlich Zeit haben. Der Tag ist ganz frisch, idealerweise haben wir nicht sofort nach dem Aufwachen Nachrichten gelesen, die ja ohnehin von gestern sind. Sondern sind aufgewacht in einen neuen Tag, den wir mit uns selbst beginnen – mit einem Frühstück für die Seele, das uns für alles Kommende fit macht.

1. Meditieren

Meditation war lange Zeit ein Thema, das vor allem aus einer Perspektive der spirituellen Entwicklung diskutiert wurde. Seit einigen Jahren boomt die Forschung zu den Auswirkungen des Meditierens. Verschiedene Fachdisziplinen interessieren sich dafür, wie die Neurowissenschaften, die Psychologie und die Medizin. Aktuell erscheinen jedes Jahr Hunderte neuer wissenschaftlicher Publikationen.

Zu den physiologischen Wirkungen der Meditation zählen laut Grundlagenstudien die Verringerung des Sauerstoffverbrauchs, ein deutliches Absinken des Blutlaktats und eine Erhöhung des Hautleitwiderstandes. Es lassen sich beim Meditieren auch somatische Effekte im Muskeltonus, im Herz-Kreislauf-System, im Hormonsystem und bei den Neutrotransmittern nachweisen. Eine langjährige Meditationspraxis führt erwiesenermaßen zu Veränderungen in der Arbeitsweise und im Aufbau des Gehirns. Kognitive Effekte zeigen sich im Hinblick auf Wahrnehmung, Konzentration, Aufmerksamkeit, Gedächtnis, Kreativität, Empathie und Persönlichkeit.

Darüber hinaus hat die Hirnforschung belegt, dass Meditationsverfahren eine ideale Methode zur Erforschung des Bewusstseins sind. Studien zeigten auch, dass langjährige Meditierende von der physischen und der geistigen Beschaffenheit im Schnitt sieben Jahre jünger sind als Menschen mit ähnlichen Gewohnheiten und Hobbys, die nicht meditieren.

Beim Meditieren wollen wir unsere Gehirnwellen verlangsamen, um so die Aktivität im Neokortex, dem Sitz des Bewusstseins, zu unterdrücken. Der Neokortex ist immer aktiv und versucht, die Außenwelt zu analysieren und zu verstehen. Doch wenn wir die Augen schließen und die eintreffenden Sinneswahrnehmungen ausblenden, wechseln unsere Gehirnwellen von Beta nach Alpha, bei sehr intensiven Meditationen oder langjährigen Meditierenden werden sogar Theta- und Gamma-Strahlen gemessen.

Alpha-Gehirnwellen sind im Grunde der Ruhezustand des Körpers. So gehen wir über den denkenden Geist hinaus, es fließt Energie in das limbische System, den Sitz des autonomen Nervensystems, beziehungsweise das Unterbewusstsein. Gelingt es uns, bewusst auf das autonome Nervensystem zuzugreifen, können wir Einfluss auf die physiologischen Funktionen des Körpers nehmen. Fakt ist: Die Gehirnstrukturen von erfahrenen Praktizierenden unterscheiden sich von jenen von Nichtmeditierenden!

Heute ist die Meditation auch Bestandteil von therapeutischen Interventionen und wird als Achtsamkeitsmeditation in vielen Kliniken zur Behandlung psychischer Probleme eingesetzt, was zu einer großen Zahl von Evaluationsstudien geführt hat.

Viele Menschen glauben, Meditation sei lediglich der Zustand während des »Sitzens«. Doch was wir hier beginnen, schwingt weiter durch den ganzen Tag, und langfristig verändert sich unser ganzes Lebensgefühl. Alles wird klarer, konzentrierter, wir sind fokussiert, bewusster. Dieser Zustand hält jedoch nicht an. Wenn wir nachlässig werden mit unserer Praxis, rutschen wir automatisch zurück in die üblichen inneren Dialoge. Unsere Gedanken plappern vor sich hin, wir verzetteln uns in Meinungen, Befindlichkeiten, Tratsch und Klatsch, und unsere inneren Saboteure feiern Partys mit negativen Gefühlen. Das Ego übernimmt wieder die Führung, oder der Körper manipuliert uns mit seinen stets bekannten und gleichen Gefühlen.

Für das Training unseres Geistes benötigen wir die gleiche Entschlossenheit wie für unser Kreislauf- und Muskeltraining: dranbleiben, um eine Veränderung zu erreichen! Und wie beim Sport fällt es mit der Zeit immer leichter, die Disziplin aufrechtzuerhalten. Während wir beim Fitnesstraining härter werden und Fettgewebe in Muskulatur verwandeln, werden wir in der spirituellen Praxis leichter, weicher, weiter und vor allem sanfter. Und gleichzeitig kraftvoll, weise, klar und stark.

Stellen Sie sich vor, Sie sitzen in einer Konferenz. Und zwar schon viel zu lange, weil immer dieselben Wichtigtuer sich zu Wort melden und Altbekanntes wiederkäuen. Ein paar Scheindebatten werden losgetreten, um sich zu profilieren. Die Konferenz ist die reinste Zeitverschwendung, eine einzige Qual. Seit

Langem schon sind Sie nur noch körperlich anwesend. Sie denken, was man so denkt in solchen Situationen. Ob Sie in der Kantine vernünftig sein und den Salatteller nehmen werden oder das Kassler mit Sauerkraut, aber danach wird man so durstig. Sie haben sich Gedanken über das Muster der Krawatte eines Kollegen gemacht oder schauen auf Ihr Handy. Oder haben sich gefragt, wer von den Anwesenden letzte Nacht Sex hatte. Sie leider nicht, Sie fragen sich, warum, und fassen wie beim Salatteller gute Vorsätze. Wie in einer Zeitmaschine reisen Sie durch Vergangenheit und Zukunft, wo Sie gewesen sind und sein werden. Die gegenwärtige Konferenz meiden Sie, das können Sie sich leisten, Sie sind Profi genug, um so zu tun, als wären Sie engagiert dabei.

In Wirklichkeit denken Sie nun an die Beantwortung von E-Mails oder an Ihren nächsten Post auf Instagram, Sie schlagen die Zeit tot. Hat sie das verdient? Noch dazu, wo Sie vermutlich häufig über Zeitmangel klagen. Jetzt ist sie da. Und sie gehört nur Ihnen, indem Sie sich ins Buddha-Feld einloggen.

Diesen Zustand hat Tina Turner in ihrer großartigen spirituellen Autobiografie *Happiness. Mein spiritueller Weg* anschaulich beschrieben. Sie erzählt darin, dass das größte Glück ihres Lebens die Entdeckung der Spiritualität war, die sie gleichzeitig als Schlüssel zu ihrem Erfolg beschreibt. Vor einem Konzert habe sie sich innerlich mit allen Fans verbunden, die auf sie warteten. Und das haben die Fans gespürt. Tina Turner hat nicht nur meditiert, sie hat auch rezitiert, bis zu sechs Stunden täglich. Dies, so lässt sie uns wissen, hat ihr geholfen, aus den dunkelsten Zeiten ihres Lebens ans Licht zu gelangen.

2. Rezitieren

Wie beim Meditieren und auch beim bewussten Atmen kehren unsere rastlosen Gedanken beim Rezitieren immer wieder zurück zu Buddha, oder wie auch immer Sie es nennen möchten, anstatt über scheinbar Wichtiges und meistens doch eher Unsinn nachzudenken.

Eine Rezitation ist eine stets gleiche Abfolge von Worten. Sie sind wie eine PIN, mit dem wir unser WiFi nach oben einschalten. Die PIN, um in das Quantenfeld zu kommen, in dem man sich mit der Energie der Worte verbindet, die man rezitiert.

Da Millionen von Menschen seit Jahrtausenden rezitieren, verbinden wir uns mit einem mächtigen Kraftfeld, werden gestärkt und zentriert. Unser Geist wird wieder klar und durchflutet von Licht. Unsere Gedanken sortieren und klären sich, und wir finden erstaunlich gute Lösungen für unsere täglichen Herausforderungen.

Mal ganz ehrlich: Im Grunde rezitieren wir doch alle ... aber wenn wir mal genau hinhören, was wiederholen wir dann? »Der Müller, der Versager, ist schuld. Nie kann ich mich auf ihn verlassen ...«, »Der Müller, der Versager, ich hätte ihn nie einstellen sollen ...«, »Der Müller, der Versager, vermasselt mir den ganzen Umsatz, ich hätte ihn nie einstellen sollen ...« – und so weiter und so fort. Wenn wir negative Worte fortwährend wiederholen, laden wir diese Worte in unserem Inneren auf. Zu erkennen, womit wir uns selbst aufladen, ist der erste Schritt zur Veränderung. Wir laden uns auch mit bewussten oder unbewussten positiven Affirmationen auf wie »Ich bin der Beste, ich schaffe alles, was ich will ...«, die eine sehr starke und vitalisierende Wirkung haben. Der Unterschied zum Rezitieren von Mantren besteht darin, dass es mit ihnen um das Aufladen der uns innewohnenden Buddha-Natur in unserem Bewusstsein geht. Es reicht weit über die Persönlichkeit hinaus.

Das Wort »Mantra« bedeutet übrigens »Schutz des Geistes«, aber auch »Instrument des Geistes/Denkens«. Während wir rezitieren, sind wir geschützt davor, dass unser Energiefeld absinkt durch negative innere Abwertungen oder Selbstgespräche.

Was bewusstes Rezitieren bringt:

1. Der Geist lernt, sich zu fokussieren, und wir steigen aus endlosen Schleifen von negativen Selbstgesprächen aus.
2. Wir programmieren damit das Unterbewusstsein auf erhöhte Geistesqualitäten und befreien es von schädlichen Geisteszuständen wie Wut, Ärger oder Jammern und Selbstmitleid.
3. Wir erzeugen Qualitäten im Geist, die wir stabil halten möchten, zum Beispiel Gelassenheit, Souveränität und inneres Gleichgewicht.
4. Wir erzeugen auch höhere Qualitäten eines Buddha, beispielsweise Weisheit, Freude, Mitgefühl, übergeordnete Liebe.

Auf YouTube gibt es viele unterschiedliche Rezitationen, auch unterlegt mit Musik, die uns dabei unterstützen können, in den Rhythmus des Rezitierens zu kommen. Ideal ist es, als Ihre tägliche Praxis den Tag mit Rezitationen zu beginnen. Nehmen Sie sich fünf bis zehn Minuten Zeit, setzen Sie sich bequem hin. Bevor Sie mit dem Mantra Ihrer Wahl beginnen, atmen Sie bewusst dreimal tief ein und aus. Dann sagen Sie Ihr Mantra und wiederholen es stetig, zum Beispiel OM MANI PADME HUM. Wiederholen Sie immer wieder dieses Mantra, und spüren Sie, wie Sie von Wiederholung zu Wiederholung in einen wohligen inneren Rhythmus gelangen. Eine Malakette hilft, wenn Sie sich präsent halten wollen mit einem taktilen Gefühl. Eine Mala hat hundertacht Perlen. Die Zahl Hundertacht stimmt mit den hundertacht Energiebahnen des Körpers überein, so die Überlieferung, und das Mantra hat vor allem eine Wirkung, wenn es hundertachtmal wiederholt wurde. Sie werden fokussierter und innerlich aufgeräumter in den Tag einsteigen. Ebenfalls können Sie vor wichtigen Situationen wie zum Beispiel vor einem Konfliktgespräch oder vor einer wichtigen Präsentation oder einem entscheidenden Meeting durch Rezitation Ihren Geist auf Kurs bringen.

Tina Turner rezitiert – oder »chantet«, wie man auch sagt – NAM-MYOHO-RENGE-KYO, ein Mantra, das auf das Lotus-Sutra verweist, einen Text mit der Botschaft, dass allen Menschen die Buddhaschaft innewohnt. Je nachdem, was man stärken möchte, kann man verschiedene Mantren rezitieren, um bestimmte Qualitäten in sich zu stärken. Das Bodhisattwa-Mantra ist zum Beispiel hilfreich, wenn schwierige Gespräche mit Kunden oder Mitarbeitern anstehen. Vor dem Termin rezitiert, bleibt man während des Gesprächs in diesem guten, klaren, weisen Zustand und lässt sich nicht beirren, egal, welche Stürme um einen herum auch toben mögen.

OM MANI PADME HUM ist eines der stärksten Mantren. Es wird rezitiert, um Mitgefühl und Liebe zum Wohle aller fühlenden Wesen auszudrücken, auch für sich selbst, und um auf diesem Weg Heilung zu finden. Wir lernen dadurch, uns und anderen zu vergeben für den Schmerz, den wir bewusst und unbewusst verursacht haben. Es dient somit zur Reinigung unseres Karmas und zur Beendigung des Leidens.

OM AH RA PA TSA NA DHI ist das Mantra für Weisheit. Wenn Sie es rezitieren, verbinden Sie sich mit der höchsten Form der Intelligenz. Es stärkt Ihren Geist und Intellekt.

Kürzlich erzählte uns eine Teilnehmerin in einem Seminar, ihr Mann habe an diesem Tag ein sehr wichtiges Meeting, von dem seine berufliche Zukunft abhinge. Seine Gesprächspartner seien schwierig, und sie befürchtete, der Termin könne schlecht verlaufen. Ob sie ihn mit Rezitieren unterstützen könnte? Gewiss! Wir empfahlen ihr das Mantra des Weisheits-Buddhas. Sie rezitierte eine halbe Stunde lang, während ihr Mann zu Hause in der Schweiz im Meeting war. Mittags berichtete er ihr freudestrahlend, das Gespräch sei hervorragend verlaufen. Er sei nicht nervös gewesen, sondern habe sich getragen gefühlt von einem starken Energiefeld und sei gleichzeitig sehr klar und fokussiert aufgetreten. Dies ist nur ein kleines Beispiel von vielen, die wir erzählen könnten über die Kraft der Rezitation – nicht nur im Kontext des Business-Coachings, sondern auch privat.

Wenn man mit dem Rezitieren beginnt, wünscht man sich in der Regel Beweise, dass es auch wirklich nützt. Und es ist vielleicht nicht so einfach, sich länger zu konzentrieren. Hilfreich sind hier ebenjene sogenannten Malas, Gebetsketten. Mittlerweile sind sie zu Schmuckstücken geworden, viele Hollywoodstars tragen sie um die Handgelenke oder als Halsketten. Ihr ursprünglicher Zweck ist es, die Perlen beim Rezitieren durch die Finger gleiten zu lassen, was die Konzentration unterstützt und den Geist fokussiert, um im Unterbewusstsein jene Buddha-Qualitäten zu erwecken, die erwünscht sind. Anfangs ist es ratsam, sich zum Rezitieren an einen ruhigen Platz zurückzuziehen. Manche Menschen schätzen begleitende Rituale: eine Kerze anzünden, Räucherstäbchen. Doch das muss nicht sein. Für uns ist das Bild des Buddha wichtiger, da ihm als Symbol die Frequenz genau jener Qualitäten innewohnt, die wir aktivieren möchten.

Wenn Sie zu rezitieren beginnen, ist es förderlich, sich bewusst Zeit zu nehmen und mit drei tiefen Atemzügen mit Blick auf das Bild von Buddha zu rezitieren. Nach zehn oder zwanzig Minuten merkt man, wie sich der innere Zustand verändert, dass man tatsächlich von einem Feld getragen ist. Je öfter Sie bewusst spüren, wie Ihnen das Rezitieren guttut im Sinne von Gedanken beruhigen und Klarheit in Ihren Geist zu bringen, umso flexibler und leichter lernen Sie, es überall in Ihren Alltag zu integrieren.

Auch auf dem Weg zur Arbeit, anstatt sich Sorgen zu machen oder Werbung im Radio zu hören. Rezitieren können Sie leise oder nur mit Ihrer inneren Stimme. Als Pragmatiker empfehlen wir, wann immer Sie die Möglichkeit zu rezitieren haben, es auch zu tun – sei es im Auto, in der Bahn oder im Flieger: Sammeln Sie sich innerlich und laden Sie sich auf. Wir haben auch schon gehört, dass Rezitieren ein hervorragendes Schlafmittel sein soll! Manche Menschen haben eine Mala neben dem Bett liegen; und wenn sie aufwachen und nicht wieder einschlafen können, beginnen sie zu rezitieren. Über die darauffolgenden Träume ist uns leider nichts bekannt, aber wir haben gehört, das Aufwachen am Morgen soll voller Zuversicht gewesen sein.

Wenn Sie für einen geliebten Menschen wie Ihren Liebespartner oder Ihre Kinder rezitieren, dann können Sie dies intensivieren und sich selbst als goldenen Buddha vorstellen. In der Gestalt als goldener Buddha gleiten Sie in den geliebten Menschen hinein und rezitieren. Das hat sich als sehr wirkungsvoll erwiesen, wenn Kinder zum Beispiel Angst vor Prüfungen haben. Durch die Unterstützung der rezitierenden Eltern kann das Kind über die Quantenfelder im Gehirn die jetzt aktuell benötigten Qualitäten aktivieren.

Wenn Sie für einen Mitarbeiter oder Kollegen ein Mantra rezitieren, stellen Sie sich ihn einfach vor in der bestimmten Situation, wie zum Beispiel bei einem Kundengespräch, und sehen Sie den goldenen Buddha in ihm.

In unseren Coaching-Seminaren hatten wir beeindruckende Erlebnisse, wenn die ganze Gruppe für einen bestimmten Teilnehmer rezitierte, der gerade in einem intensiven Transformationsprozess war. Kunden erzählten uns, sie würden Büroräume mit Rezitationen aufladen, vor allem wenn am nächsten Tag wichtige Konferenzen stattfänden. Was für eine hervorragende Idee, über Nacht Mantren abzuspielen – gibt es eine bessere Vorbereitung auf einen guten Verlauf des Meetings am nächsten Tag?

3. Verbeugen

Verbeugungen sind ein Ablauf körperlicher Übungen und dienen zur Reinigung des Geistes, des Körpers, zum Aufbau der Buddha-Natur, zur Integration des Quantenfelds des Buddha.

Zum Ablauf sehen Sie sich vielleicht das Video »Tibetanische Niederwerfung« vom Gesundheitszentrum Sonne & Mond an: https://www.youtube.com/watch?v=vd6vNRHUAlo.

Bei den Verbeugungen, auch »Niederwerfungen« genannt, sieht man das große göttliche intelligente Feld des Buddha vor sich und bringt es in sein Bewusstsein, indem man sagt: »Ich nehme Zuflucht zu Buddha.« In dem Moment sieht man den großen, leuchtenden Buddha vor sich, das göttliche Intelligenzfeld des Buddha. Zusätzlich nimmt man Zuflucht zur Lehre, »Dharma« genannt, und Zuflucht zur Sangha, zu den Menschen, die sich auf dem gleichen Weg der inneren Entwicklung befinden.

Mit allen drei Zufluchten im Bewusstsein bewegt man sich mit seinem Körper in das göttliche intelligente Feld des Buddha und in sein eigenes zukünftiges Selbst hinein und zieht dabei mit der Atmung den Buddha in die fünfzig Billionen Zellen des Körpers und in den ganzen Geist, und zwar hundertachtmal hintereinander. Das erdet und gibt große Kraft, denn man wird so über die Monate und Jahre selbst zu einem Buddha.

Am Morgen durchgeführt, stimmen die Verbeugungen die Persönlichkeit auf die beste Version unserer selbst ein. Der Geist wird gereinigt, alle unangenehmen Gedanken, Überzeugungen und Teilpersönlichkeiten lösen sich auf in der konzentrierten Hingabe an die Bewegung und die Vorstellung des Buddha, den wir durch unsere Atmung in unseren physischen Körper hineinziehen. Das reinigt nicht nur den Geist und verbindet ihn mit der höchsten Intelligenz des Buddha, sondern stärkt auch den Körper.

Der erleuchtete Meister Tsongkhapa vollführte der Überlieferung zufolge über sieben Millionen Verbeugungen und verließ seinen Körper in der höchsten Form geistiger Klarheit. Sieben Millionen, das klingt entmutigend, doch auch weniger zeigen erstaunliche Auswirkungen. Seit vielen Jahren begleiten wir einen Unternehmer, der beharrlich jeden Morgen hundertacht Verbeugungen zelebriert und es nun auch schon zu ein paar Hunderttausend gebracht hat. Wenn er einen Raum betritt, kommt der Buddha mit herein. Seine Mitarbeiter lieben ihren Chef, sie sind absolut loyal, weil sie an diesem leuchtenden Buddha-Feld teilhaben. In der Eingangshalle seiner Fabrik steht ein riesengroßer Buddha und empfängt die Mitarbeiter und Besucher. Und obwohl die Firma in einer von Krisen gebeutelten Branche tätig ist, expandiert sie stetig. Uns wundert das nicht!

Bei den Verbeugungen geht es nicht um Perfektion. Viele unserer Teilnehmer, auch wir selbst, haben immer wieder mit den Verbeugungen begonnen, dann wieder aufgehört. Der Weg ist das Ziel! Das Entscheidende ist, dass man merkt, wie gut die Verbeugungen tun, weil sie den Geist morgens so wunderbar auf den Tag einstimmen und den Körper beleben, die Energieströme fließen, das Bewusstsein wird geweckt. Aber bitte: Es ist keine Gymnastik. Allein den Bewegungsablauf durchzuführen, ohne den Geist auf das intelligente göttliche Quantenfeld des Buddha zu fokussieren, bringt nichts. Aber bewusst ausgeführt, wird der Geist mit der Zeit immer heller, strahlender, so wie bei einer Glühbirne, bei der allmählich die Wattzahl erhöht wird. Allmählich wird der Körper an die höheren Frequenzen des Buddha gewöhnt.

Gerade bei den Verbeugungen gibt es viele innere Einwände, die uns daran hindern können. Schließlich verbeugt sich das Ego, die Persönlichkeit, vor dem Buddha.

Wie wir alle wissen, kann unser Ego ganz schön stolz sein und sich gegen eine solche Demutsbekundung wehren. Es findet diese Übung doof oder ist zu faul. So tauchen bei den Verbeugungen viele unserer Teilpersönlichkeiten auf, die keinen Bock haben mitzumachen, lieber chillen wollen.

Verbeugungen sind auch eine Art Challenge: Wir konzentrieren uns auf den Buddha und das intelligente göttliche Quantenfeld. Wer ist gerade der innere Meister in mir? Buddha oder eine Teilpersönlichkeit? Jeden Tag entscheiden wir uns neu für die Komfortzone oder den leuchtenden Buddha. Jeden Tag aufs Neue lernen wir, uns liebevoll, respektvoll und doch sehr klar auf das göttliche Quantenfeld des Erleuchtungsgeistes zu richten. Und deshalb sind diese Verbeugungen so kraft- und wirkungsvoll. Und nicht zu vergessen: ihre reinigende Kraft, die gar nicht überschätzt werden kann. Gerade in diesen Zeiten, in denen unser Geist überflutet ist von Informationen, was zu einem enormen Overload führen kann. Fachleute nennen das »Dopaminausschüttungsstörung«. Unserer Meinung nach sind Verbeugungen das beste Mittel, um zu erkennen, dass es etwas Bedeutenderes gibt als uns selbst!

Vor etwa zehn Jahren hielten wir ein Meditationsretreat in Bodnath (Kathmandu, Nepal) im schönsten Hotel der Stadt. Es sieht aus wie der Palast des Dalai-Lama in Lhasa. Dreißig Führungskräfte und Unternehmer aus Deutschland, der Schweiz und Österreich verbrachten acht Tage mit uns an diesem mystischen Ort. Ein Programmpunkt waren die allmorgendlichen Verbeugungen an der berühmten Bodnath Stupa. Ich, Stephan, hatte dieses Zielbild vor zwölf Jahren im Tempel meiner buddhistischen Lehrerin Patchalie in Chiang Mai aufgebaut.

An der Stupa das bekannte herrliche Treiben: bunte Farben, Hunderte Tibeter, aus allen Lautsprechern hörten wir: »OM MANI PADME HUM«. Frauen schenkten tibetischen Buttertee aus. Vor der Stupa lagen große Bretter für die Verbeugungen. Am ersten Tag war ich sehr erstaunt, dass fast die ganze Truppe mitmachte – vor dem Frühstück! Kein Gejammer, kein Gestöhne, im Gegenteil: große Freude, gewiss angefacht durch die Tibeter, die hier ebenfalls Verbeugungen machten, egal, wie alt sie waren. Was für Vorbilder! Und wie ihre Augen leuchteten! Ein fantastisches Quantenfeld eines Buddha. Diese Tage in Kathmandu gehören zu den schönsten meines Lebens, weil sich eine Vision erfüllte: die Verbindung der Kulturen, der Menschen, Buddha und Business. Es ist kein Widerspruch, es ist eine Erfüllung. Und Verbeugungen erinnern uns daran. Täglich:

1. Sie verbinden sich zu hundert Prozent mit dem Quantenfeld eines Buddha, dem Buddha-Feld.
2. Sie verinnerlichen das Quantenfeld eines Buddha.
3. Sie bekommen eine tägliche körperliche Routine, die Sie stark, intelligent, groß und leuchtend macht.
4. Sportphysiotherapeuten bezeichnen Verbeugungen als eine der effektivsten Strategien, um den Körper langfristig stabil, gesund, muskulös und kraftvoll zu halten.
5. Ihre Buddha-Natur wird größer als Ihr zaghaftes, ängstliches, grandioses und größenwahnsinniges Selbst.
6. Sie lösen Ihre karmischen Gefühle auf, wie wiederkehrende Ängste, Schuldgefühle, Bitterkeit und Überdrehtsein.
7. Sie agieren aus Ihrer inneren Mitte, Ihrer inneren Kraft, Ihrer inneren Stärke, Ihrer inneren Ausstrahlung – wir nennen es »das innere Leuchten«.
8. Sie lösen sich von Ihren möglichen – wie Buddha sagt – 84 000 Verblendungen:

   - Gemeint sind Überemotionen,
   - falsche Einstellungen zum Leben und unseren Zielen,
   - komische verrückte Teile unserer Persönlichkeit,
   - verzerrte Denkstrategien,
   - falsche Einschätzung der Realität,

- falsche Einschätzung anderer Menschen.
- Es kommt zu einer Reinigung von destruktiven Dialogen mit uns selbst.
- Die Niederwerfungen integrieren das holografische Quantenfeld des Buddha in unserem Geist.
- Wir spüren die Kraftfelder der Buddhas und gewinnen so mehr Vertrauen in den Buddha und das Dharma.
- Blockaden im Körper lösen sich auf.
- Verbeugungen bringen den Körper und Geist ins Gleichgewicht.
- Versteckte Krankheiten verlassen unseren Körper.

Auf unserem letzten Kathmandu-Retreat in Nepal, es war ein kristallklarer und leicht kühler Morgen, wir waren auf dem Weg zur Stupa, erzählte uns eine Teilnehmerin von einem Telefonat, das sie nachts mit ihrer Stellvertreterin geführt hatte, der sie sehr fehlte, denn sie sagte ihr: »Jedes Mal, wenn du ins Meeting kommst, atmen wir auf. Die Stimmung verändert sich. Alles wird wieder klar und machbar.«

Unsere Teilnehmerin schaute uns an mit strahlenden Augen, aus denen wir die Freude über dieses »Kompliment« lasen. Sie fuhr fort: »Das habe ich Buddha, der Lehre und den buddhistischen Freunden zu verdanken. Jeden Morgen meditiere ich auf jedes Meeting, das ich an diesem Tag habe. Ich verbinde mich mit dem Licht der Weisheit von Buddha, mit dem Licht der klaren Sprache von Buddha, mit dem Licht von Mitgefühl und Herzensgüte von Buddha, und dann atme ich den ganzen Buddha ein. Diese ›Drei-Lichter-Meditation‹ [siehe Anhang] ist meine Lieblingsmeditation. Ich verbinde mich mit allen Beteiligten mit diesen Buddha-Lichtern und beende die Meditation mit dem Zielbild, wie das jeweilige Meeting zum Wohle aller Beteiligten gut endet. Und wisst ihr, was?«

Artig schüttelten wir die Köpfe.

»Es klappt auch am Telefon!«

DIE TRANSFORMATION DER EIGENEN PERSÖNLICHKEIT

Das Kernstück des Buddhismus ist die Entwicklung der Persönlichkeit, die Transformation »negativer« Emotionen. Dies führt unweigerlich zu mehr Weisheit und Klarheit. Dazu kommen wichtige Grundhaltungen wie Achtsamkeit und Mitgefühl beziehungsweise Mitverstehen. Ist die Persönlichkeit nicht gereinigt, entwickelt und klar, nützen Mitgefühl und Achtsamkeit nichts. Dann wird aus Mitgefühl eine narzisstische Retter-Opfer-Haltung, wie sie heute oft zu beobachten ist. Erst wird ein Opfer produziert, um es dann heldenhaft zu retten und sich großartig zu fühlen. Achtsamkeit wird zur Kontrollfunktion für neurotisch-spirituell »spielende« Wesen, die so ihre alten Maschen neu aufgelegt buddhistisch oder hinduistisch nutzen. Das sind falsche Wege.

Also legen wir im Buddhismus viel Wert darauf, den Geist von alten Mustern zu reinigen und diese aufzulösen. In der klassischen Tradition beginnt der innere Weg, indem man sich sieben Jahre lang damit befasst, den Geist von allen alten Mustern und Emotionen zu befreien und zu reinigen. Erst danach lernt man, sich mit den Belehrungen in der Tiefe zu befassen.

Warum dauert das so lange? Die Antwort liegt auf der Hand: Wenn ich beginne, mich mit etwas Neuem zu beschäftigen, projiziere ich in der Regel die alten Erfahrungen meines Lebens hinein. Ohne Reinigung keine Veränderung!

Das Drama-Dreieck

Wir leben in einer aufgeheizten Zeit. Und in einer hochdramatischen dazu. Wo es kein Drama gibt, wird eins gemacht. Auf der sozialen Kommunikationsebene ist die Dramatisierung eines der größten Probleme, das berichten uns Führungskräfte immer wieder, vor allem in Bezug auf jüngere Mitarbeiter. Kein Wunder, ist die Generation der heute Achtzehn- bis Fünfunddreißigjährigen doch im Liveticker des Katastrophismus groß geworden.

Eine Führungskraft, die sich dort hineinziehen lässt, verliert die Führung und nimmt schlimmstenfalls die ihr im Drama zugewiesene Rolle ein. Um das zu verhindern, gibt es nur einen Weg: das Drama zu durchschauen. Und nicht mehr mitzuspielen. Das gelingt am besten, indem man sich auf eine höhere Ebene begibt, auf der kein Drama gespielt wird, sondern Klarheit herrscht: in der Buddha-Natur.

Psychospiele sind destruktive Rollenspiele, in denen jemand in eine Rolle schlüpft und andere dadurch »zwingt«, den dazu passenden Gegenpart einzunehmen. Was das berühmt-berüchtigte Drama-Dreieck betrifft, ist die Wahl der Rollen überschaubar: Verfolger, Opfer und Retter. Diese drei Positionen wechseln sich ständig ab. Ganz schnell kann aus einem Retter ein Opfer und aus einem Opfer ein Verfolger werden wie im folgenden Beispiel.

Der Chef ist außer sich. Wegen einer Schludrigkeit seines Stellvertreters ist der Firma ein großer Auftrag durch die Lappen gegangen. Die Wutausbrüche des Chefs sind gefürchtet. Man hört sie vom vierten Stock, dem Chefbüro, bis ins Erdgeschoss. Die Mitarbeiter ziehen dann die Köpfe ein und hoffen, dass er sich schnell beruhigt, und manche sind ein bisschen schadenfroh gegenüber dem, den es jetzt erwischt hat, Hauptsache, nicht sie selbst. Nein, es hat ja den Stellvertreter erwischt, und der bekommt die ganze Breitseite des Chefs ab, der jetzt gerade im Verfolgermodus ist – und der Stellvertreter im Opfermodus. Zuerst nur für sich selbst in seinem inneren Monolog, in dem er sein Schicksal beklagt, bald aber schon im Kollegenkreis, wo er sich lang und breit als Opfer inszeniert und Trost findet und vor allem Unterstützung von Kollegen im Rettermodus, die das Verhalten des Chefs unmöglich finden: »Das Letzte!« Und die sich aufschwingen in den Verfolgermodus. Der Chef spürt, dass seine Mitarbeiter sich gegen ihn verbünden, und rutscht in die Opferrolle. Erst mal bei seiner Sekretärin, der er sein Leid klagt, dass keiner ihn versteht, dass er sich den A. aufreißt für die Firma und seine Mitarbeiter, und keiner dankt es ihm. Doch als seine Sekretärin in den Rettermodus wechselt und sich seiner annimmt, ist ihm das nicht recht.

Da entdeckt er eine Bananenschale im Papierkorb. Obwohl das strengstens verboten ist. »Papier ist Papier, Biomüll ist Biomüll, Frau Schubert, waren wir uns darüber nicht einig?« So wechselt der Chef in den Verfolger, die Sekretärin in die Opferrolle – und so weiter und so fort.

Manche Firmen hüpfen von morgens bis abends im Drama-Dreieck. Es ist keine konstruktive Auseinandersetzung möglich. Hier könnte ein Buddha-Coaching »retten«? Nein, für Klarheit sorgen!

Das Drama-Dreieck wurde zuerst von Stephen B. Karpman im Rahmen der Transaktionsanalyse beschrieben. Es deckt menschliche Verhaltensmuster auf, die den immer gleichen Regeln folgen, wie wir es auch aus vielen Märchen kennen, in denen es Opfer und Retter gibt – und Täter, die in unserem Modell »Verfolger« genannt werden. Ein Opfertypus gibt anderen Menschen die Schuld und natürlich den Umständen, die immer gegen ihn sind. Das Opfer selbst ist stets unschuldig, kann nichts dafür, jammert gern und fordert so Aufmerksamkeit ein: Ich kann ja nichts dafür. Das bringt den Retter auf den Plan, der gern für andere die Verantwortung übernimmt, auch wenn sie das vielleicht gar nicht wollen. Ein Retter schüttet ungefragt Ratschläge über andere, erstickt sie geradezu mit seiner Fürsorglichkeit und wird oft als Bevormunder wahrgenommen, und das ruft geradezu nach einem Verfolger, der gern kritisiert und immer die Kontrolle behalten möchte. Ein Drama lebt von der Bewegung innerhalb des Stücks, wenngleich jeder seine Lieblingsrolle haben mag.

Wie auch bei der Schattenpersönlichkeit entstehen destruktive Psychospiele in der Kindheit. Daran sehen wir, dass wir unsere Kindheit im Job nicht irgendwo ablegen können. Auch wenn man sie im Archiv unter X, Y, Z versteckt, sie findet immer einen Weg, sich bemerkbar zu machen, und das kann uns und anderen das Leben erschweren und eine Work-Life-Balance verunmöglichen. Auch dem Drama-Dreieck liegt ein Mangel zugrunde. Es geht um Beachtung, Aufmerksamkeit und natürlich, wie immer, um Liebe.

Kinder, die davon nicht genug bekamen, erleben das als großes Unglück. Sie fühlen sich übersehen, vernachlässigt, abgelehnt. Um das Ersehnte dennoch zu bekommen, entwickeln die Kinder auffälliges Verhalten. Leider glauben manche Eltern, sie würden absichtlich »geärgert«, doch in Wirklichkeit zeigen die Kinder ihre Verzweiflung, wenn sie sich schreiend auf dem Boden wälzen oder mit Gegenständen um sich werfen, jammern, quengeln und so weiter. Das führt zwar zu keiner positiven Zuwendung, aber überhaupt mal zu einer Beachtung, und alles ist besser, als ignoriert zu werden. Lieber angeschrien als übersehen werden. Lieber eine Ohrfeige als das Nichts.

Auch Kindern aus sogenannten normalen Familien fehlt häufig die Sicherheit in ihrem Bindungsverhalten. Eine sichere Bindung gilt als psychischer Schutz und ein stabiles Fundament für eine gute Persönlichkeitsentwicklung, wie es zahlreiche Studien zeigen. Sicher gebundene Kinder aus stabilen Familien sind widerstandsfähiger gegen Belastungen, haben mehr Bewältigungsmöglichkeiten, leben eher in freundschaftlichen Beziehungen, sind häufiger in Gruppen, verhalten sich in Konflikten sozialer, weniger aggressiv und finden Lösungen, die ihnen weiterhelfen – sind also weniger anfällig für »Krücken« wie das Drama-Dreieck, das ja ein Ersatz für echten Kontakt und lösungsorientiertes Verhalten ist.

In unseren ersten Jahren als Trainer in Firmen waren wir verblüfft, wie oft wir mit den beschriebenen Dramen konfrontiert waren, und betroffen, wie viel Leid das verursacht. Aus diesem Grund haben wir ein Buch zu dem Thema geschrieben – *Schluss mit Psychospielchen* –, das wir Ihnen auch ans Herz legen würden, wenn es jemand anders geschrieben hätte. Sollten Sie sich für die Dramen im Dreieck interessieren, finden Sie in diesem Buch alles Wissenswerte dazu.

Auch wenn es schmerzhaft sein kann, sich mit seinem eigenen Drama auseinanderzusetzen, lohnt es sich, denn jenseits des Drama-Dreiecks wartet die Freiheit. Wenn Sie aus diesem Dreieck herausspringen, werden Sie auch etwas für Ihre Gesundheit tun, weil Sie psychosomatischen Krankheiten vorbeugen, die durch solche Psychospiele entstehen, Stichwort »Mobbing«. Sie verhindern seelische Krisen, weil Sie sicher in sich ruhen.

Sie werden erfolgreicher und haben viel mehr Energie zur Verfügung, die Sie nicht mehr in täglichen Kleinkriegen verschwenden. So verbessert sich auch Ihre Teamfähigkeit, denn Sie schulen Ihr kooperatives Verhalten. Sie werden sympathischer wahrgenommen, weil man sich wohler fühlt mit Menschen, die gelassen und empathisch sind. So können Sie stabile Beziehungen aufbauen. Für Ihre Mitarbeiter sind Sie ein verlässlicher Kollege, auf den man nicht ständig Rücksicht nehmen muss, weil er sonst wieder austickt. Ein Kollege, der auch in Stresszeiten eine starke Stütze ist, statt zu jammern und dann

Energie abzuziehen, weil man ihn trösten muss. Einer, der mit Kritik umgehen kann und Dinge nicht so schnell persönlich nimmt und der klar sagen kann, worum es geht, anstatt Psychospielchen zu inszenieren.

Kurz: Jenseits des Drama-Dreiecks können Sie klarer und realistischer bleiben – ohne zu viele sinnlose Emotionen.

Stellen Sie sich einen Kollegen vor, mit dem Sie öfter Schwierigkeiten haben, weil er sich auf eine bestimmte Art und Weise verhält. Fühlen Sie sich in eine typische Situation hinein. Wird Ihnen heiß? Steigt Ihr Blutdruck? Höchste Zeit, die Fritz!Box zur höheren Ebene einzuschalten und sich in Buddhas WiFi einzuloggen mit einigen bewussten Atemzügen. Sie werden erstaunt sein, wie schnell Sie das dargebotene Rollenangebot ablehnen können und nicht mehr als Opfer, Verfolger oder Retter auftreten.

Buddha im Business

Weiser Umgang mit schwierigem Mitarbeiter

Der Chef schaut auf seinen Terminkalender und weiß, in zehn Minuten hat er ein Gespräch mit seinem schwierigsten Mitarbeiter. Als buddhistisch orientierter Leader ist ihm bewusst, dass die Abneigung gegenüber dem Mitarbeiter auch mit ihm selbst zu tun hat. Er will das bestmögliche Ziel erreichen. So gut es geht, ungefärbt von seiner persönlichen Antipathie.

Also meditierte er bereits in seiner Morgenpraxis auf einen guten Abschluss des Meetings zum Wohle beider Beteiligten. Er erlebt sich selbst als einen intelligenten, weisen Buddha, der das Meeting leitet, und am Ende der Meditation zog er diesen leuchtenden, weisen Buddha in seinen physischen Körper. Diese Vorbereitung führte dazu, dass sich sein innerer Zustand von Ärger, Unsicherheit, Angespanntheit veränderte in »Ich bin groß, ich bin stark, ich bin leuchtend«. Er erlebte, wie dadurch der betreffende Mitarbeiter weiter weg und kleiner schien, dass er in seiner Souveränität gestärkt war und als ein besonnener Leader ins Meeting gehen konnte.

Er atmet diese Qualitäten so lange ein, bis er spürt, dass sein Bewusstseinsfeld damit erfüllt und groß geworden ist: Nicht er ist groß, nicht sein Ego ist groß, sondern seine Buddha-Natur. Dann visualisiert er mitten auf den Konferenztisch einen goldenen Buddha. Schließlich kommt der schwierige Mitarbeiter herein und fängt gleich an, in anklagendem Ton Missstände aufzuzählen, die ihn persönlich nerven. Der Chef spürt für einen kurzen Moment, dass er sich in einem alten Verhaltensmuster von Wut und Ärger verlieren könnte. Doch sein Buddha-Bewusstsein übernimmt. Er findet den Draht zu diesem schwierigen Mitarbeiter, indem er erst mal ruhig zuhört und seine Sichtweise versteht. Daraus entwickelt sich ein wirkliches Gespräch. Eine neue, klare Sicht der Dinge kann für beide entstehen, der schwierige Mitarbeiter wird sichtlich entspannter, und dadurch finden sich neue Lösungen zum Wohle aller Beteiligten.

Wir sehen: Der Zeitaufwand der Vorbereitung ist minimal, weil er das Gespräch verkürzt hat – bei einem phänomenalen Ergebnis. Wenn das Feld gut aufgebaut ist, hat der Mitarbeiter keine Chance, im Drama-Dreieck zu springen.

Sich selbst und andere coachen mit Buddha

Buddha-Coaching bedeutet *work in progress*. Damit ist jedoch nicht gemeint, dass wir noch nicht gut genug oder ewig mangelhaft wären. Es geht nicht um den endlosen Optimierungswahn, dem viele sich mehr oder weniger verzweifelt ausgeliefert fühlen. In unserer inneren Buddha-Natur sind wir nämlich vollkommen. *Work in progress* bezieht sich somit nicht auf eine noch weitere Fremdsprache, diesmal unbedingt Chinesisch, und noch ein Fortbildungsseminar mit Zertifikat und nun das ultimative Salestraining und noch ein Motivationstraining. Auch nicht im Sinne von »Wenn ich die und die Fähigkeit entwickelt habe, dann bin ich endlich fertig«. Nein, *work in progress* ist unser Geist, der sich unendlich weiterentwickeln kann, und zwar bis zur Erleuchtung. Dies bedeutet, seinen eigenen Geist Schicht um Schicht, Überzeugung um Überzeugung, Wert um Wert bis zu gedanklichen Strategien und körperlichem Verhalten, also Tag für Tag, von Moment zu Moment zu reflektieren. Wohlgemerkt: nicht kontrollieren, nicht kritisieren, sondern wahrnehmen. Es geht um die berühmte Pfütze auf unserem Weg. Davon gibt es massenhaft, wie wir mit viel Gelächter und auch eindrucksvoll in dem Film *Und täglich grüßt das Murmeltier* gelernt haben.

Mit diesem genialen Film hat Hollywood eine buddhistische Metapher in unterhaltsame und doch tiefgründige Bilder verpackt. Bill Murray in der Rolle eines Meteorologen erlebt jeden Tag aufs Neue das Gleiche. Jeden Tag läuft er dieselbe Straße entlang, und jeden Tag befindet sich an derselben Stelle die berühmte Pfütze. Oh, wie wahr: Wir leben vor uns hin und merken gar nicht, dass wir ständig die gleichen Verhaltensmuster an den Tag legen, den gleichen Glaubenssätzen aufsitzen, unsere Erfahrungen in Endlosschleifen wiederholen. Im Film erkennt der Meteorologe eines Tages – im übertragenen Sinn eines seiner Leben die Pfütze – das Muster. Viele Tage später (in Wahrheit viele Leben später) kann er vor der Pfütze sogar stehen bleiben, doch er tappt dann trotzdem noch hinein. Es dauert weitere Tage (sprich Leben) im Prozess der Bewusstwerdung, bis er erkennt, dass er vor der Pfütze stehen bleiben kann, und schließlich kommt es zur Erkenntnis, dass er die Wahl hat, dass er um die Pfütze herumgehen kann.

Diese große Transformation ist in dem Film grandios abgebildet, genauso wie die Schwierigkeit, in die uns unsere festgefahrenen Gewohnheiten bringen. Denn wir müssen sie in unserem

Geist erst einmal erkennen, um dann zu prüfen, ob sie wirklich zur aktuellen Situation passen oder ob wir eventuell besser neue Entscheidungen treffen sollten.

Auch der unternehmerische Erfolg misst sich daran, ob die Leader in die Pfütze treten oder außen herumlaufen. Ist das einfach? Nein, aber wer hat gesagt, dass das Leben einfach wäre? Zur Erinnerung: Es ist leidvoll. Doch durch die klare Sicht auf die Dinge und die Zuflucht zur Buddha-Natur kann man sich tatsächlich immer wieder neu erfinden aufgrund von neuen Überzeugungen, neuen Denkstrategien und neuen Verhaltensweisen. Wir können unser Gehirn neu vernetzen durch neue Entscheidungen und ein neues Bewusstsein.

Die vier Stufen des Lernens

Es folgt nun ein Überblick über die vier Stufen des Lernens oder darüber, »wie wir um die Pfütze herumgehen können«.

1. Unbewusste Inkompetenz

Hier erkennt man seine eigenen Defizite nicht, hat keine Ahnung, dass die eigene Schattenpersönlichkeit am Steuer sitzt und nicht die anderen an allem schuld sind, sondern man selbst aktiv etwas zum Positiven verändern könnte. Aus der Opferrolle heraus ist man handlungsunfähig und sollte übrigens seiner eigenen Intuition nicht trauen, da sie häufig noch tiefer in den Schlamassel führt.

Kurz: Wir nehmen die Pfütze gar nicht wahr. Wir erkennen nicht, dass wir die Pfütze nicht sehen, und tappen hinein. Keine Ahnung, dass wir die Wahl gehabt hätten, um die Pfütze herumzugehen.

Auf eine alltägliche Situation übertragen: Wir erkennen nicht, dass wir in einem unhöflichen Ton mit jemandem sprechen. Wir erkennen nicht, dass wir jemanden vor den Kopf stoßen, weil wir uns im Gespräch lediglich auf den Inhalt fokussieren und dabei die Reaktion unseres Gegenübers schlicht ausblenden und nicht mitbekommen, wie das, was wir sagen, bei ihm ankommt. Wir sind uns nicht bewusst über die Fauxpas, die uns unterlaufen. Oder wir jammern in Endlosschleifen, ohne mitzukriegen, was wir da eigentlich tun. Wir sind im Drama-Dreieck gefangen und merken es nicht.

Das alles gehört zur unbewussten Inkompetenz. Wir haben keine Ahnung, dass wir keine Ahnung haben.

2. Bewusste Inkompetenz

Wir sehen die Pfütze und uns selbst dabei zu, wie wir immer wieder reintreten. Wir merken es, dass wir in der Kommunikation mit anderen Fehler machen. Dass dieses Kundengespräch nicht ideal läuft. Wir sehen, wie irritiert unser Gegenüber ist, finden aber noch keine Lösung für die Situation. Wir mögen uns vielleicht selbst nicht, weil wir sehenden Auges etwas tun, was wir nicht gutheißen. Wir spüren, dass wir im Drama-Dreieck festhängen, und kommen doch nicht raus.

Die Kluft zwischen dem, was wir tun und sagen, und dem, wie es sein soll, ist schmerzhaft. Noch schmerzhafter, wenn wir dabei unsere eigenen Werte verraten. Angenommen, der höchste Wert einer Führungskraft, den sie im Team auch immer wieder vertritt, ist Professionalität. Nun merkt sie, dass sie im Mitarbeitergespräch ständig lamentiert und keine konstruktive Lösung anbietet, sondern sich im Kreis dreht. Das kann nicht nur unangenehm, sondern hochgradig peinlich sein.

Doch nicht verzagen! Es ist nur eine Zwischenstufe zur nächsten Ebene. Deshalb sollten wir uns auch nicht anklagen, sondern anerkennen, dass wir immerhin schon nicht mehr in die Pfütze treten, ohne dies zu merken. Wir können uns fragen, welche Fähigkeiten wir entwickeln müssen, um im nächsten Schritt nicht so gelähmt zu sein und die Inkompetenz in Kompetenz zu verwandeln. Und ganz konkret: Welche Tools fehlen uns, was können wir konkret unternehmen, damit es in Zukunft besser läuft? Zum Beispiel lösungsorientiert Fragen stellen, statt sich darüber zu beklagen, dass man in die Pfütze getreten ist, obwohl man sie gesehen hat.

3. Bewusste Kompetenz

Jetzt versteht man, wie die Dinge zusammenhängen, doch um alles richtig zu machen, muss man stets wachsam sein und sich sehr anstrengen. Man erkennt die Pfütze und analysiert sie. Wie groß, wie tief sie ist – et cetera. Man analysiert die Möglichkeiten, überprüft das eigene Schuhwerk, ist es tauglich, oder bräuchte man Gummistiefel? Oder kann man um die Pfütze herumgehen? Und dergleichen mehr.

Sobald wir neues Verhalten ausprobieren, fühlen wir uns unsicher und laufen auch Gefahr, uns lächerlich zu machen, ein bisschen komisch auszusehen, wie wir da mit wedelnden Armen um die Pfütze herumbalancieren und dann doch noch hineintreten. Und dann? Am besten lachen und noch mal versuchen. Sich trauen. Dem Mitarbeiter diese komische Frage stellen, die einem auf der Zunge liegt, auch wenn sie wirklich sehr ungewöhnlich ist. »Wenn Sie ich wären, wie würden Sie entscheiden?« Oder: »Was genau hindert Sie daran, Ihre Aufgabe entsprechend meinen Anweisungen auszuführen?« Und: »Was wäre, wenn Sie trotz Ihrer Einwände dieses Projekt jetzt zum Abschluss brächten?«

Schon starrt er einen an und weiß nicht, was er sagen soll. Ist das jetzt Führungsschwäche? Nein, die Frage wirkt so seltsam, weil wir uns bewusst darüber geworden sind, was wir tun. Wir reagieren neu, mit einem Growth Mindset. Da weiß man vorher nicht, was hinterher rauskommt. Alles ist in Bewegung – und das ist gut so. Und vielleicht fällt dieser um das Gleichgewicht ringenden Führungskraft in dem Beispiel nun doch noch ein hilfreiches Kommunikationstool ein: Spiegeln. Denn um Vertrauen zu gewinnen in einem Gespräch, ist es unabdingbar, die Körperhaltung und die Stimmlage, vor allem das Sprechtempo des anderen zu spiegeln. Wie genau das funktioniert, haben wir in unserem Buch *Richtig gut rüberkommen* ausführlich beschrieben.

An dieser Stelle nur kurz: Sehr oft spiegeln wir andere Menschen, ohne es zu bemerken. Haben Sie schon einmal ein zukünftiges Liebespaar beobachtet, das sich gerade an der Hotelbar kennenlernt? Sie lehnt sich vor, er auch. Er lehnt sich zurück, sie auch. Sie berührt kurz ihre Wange, kurz darauf berührt er seine Wange. Sie trinkt, er trinkt – und so weiter. Das geschieht alles unbewusst.

Wenn wir das Spiegeln in unser Bewusstsein holen, ebnen wir den Weg für eine Vertrauensbasis, und dann erst beginnt der wirkliche Kontakt zu unserem Gegenüber.

Bewusst zu spiegeln zum Wohle des anderen ist ein sehr buddhistischer Ansatz, denn es bedeutet, aus seinem Ego auszusteigen, sich im ersten Moment nicht so wichtig zu nehmen und sich ganz auf sein Visavis einzustellen. Klingt leicht, ist aber schwer mit einem dicken Ego.

4. Unbewusste Kompetenz

Hier ist uns das erwünschte Verhalten in Fleisch und Blut übergegangen, manchmal so verwachsen, dass man anderen gar nicht mehr erklären kann, warum man etwas wie tut – man ist der Pfütze elegant ausgewichen, ohne darüber nachzudenken. Auf dieser Stufe kann die Fähigkeit zu analysieren abnehmen, das muss sie aber nicht. Sicher ist: Wir wissen, dass wir Wahlmöglichkeiten haben und ein neues Verhalten an den Tag legen können. Wir haben festgefahrene Verhaltensmuster aufgelöst und neue neuronale Verbindungen in unserem Gehirn geknüpft; und das motiviert uns, diesen Weg des Wachstums durch Lernen weiter zu beschreiten.

In der buddhistischen Philosophie bedeutet Lernen, die sich entwickelnde eigene Persönlichkeit tagtäglich zu transformieren. Pfütze um Pfütze zu erkennen und zu umgehen und sich weiterzuentwickeln, genau so, wie der von Bill Murray gespielte Meteorologe in dem Film Tag für Tag neue Fähigkeiten, sprich neue Bewusstseinssymbole, entdeckt.

Nun ist es aber so, dass nicht jeder Mensch lernen will. Eigentlich seltsam und für diejenigen, die gern lernen und wachsen wollen, schwer zu verstehen. Doch so ist es. Es gibt Menschen, die möchten das nicht, und so kommen wir zu einer berühmten buddhistischen Metapher von einem Teich mit Lotosblüten.

Die vier Entwicklungsstufen des Bewusstseins

Stellen Sie sich einen wunderschönen Teich vor, auf dem auch einige Lotosblüten schwimmen. Sie sehen nur diejenigen auf der Wasseroberfläche. Ganz unten auf dem Grund des Teichs wachsen ebenfalls Lotosblüten, doch sie sind noch Knospen. Tief im Schlamm stecken Knospen, die nicht ahnen, dass es eine Wasseroberfläche gibt und Sonnenlicht. Sie sind einfach da – und haben noch einen weiten Weg vor sich. Darüber befinden sich

Lotosblütenknospen, die sich aus dem Schlamm befreit und eine Idee vom Licht haben mögen, das hin und wieder in ihre Tiefe blitzt. Nah unter der Wasseroberfläche treiben Lotosblumenknospen, die sich beharrlich dem Licht entgegenstrecken, das sie deutlich erkennen können.

Auf dem Wasser schwimmen die erblühten Lotosblumen. Sie haben die Wasserfläche durchstoßen und sich im Sonnenlicht, ihrer Erleuchtung, geöffnet. Deshalb sitzt Buddha in vielen Darstellungen auf einer geöffneten Lotosblüte. Sein Geist ist erleuchtet, er ist frei.

Im Buddha-Coaching betrachten wir uns als Lotosblüten, die emsig und kontinuierlich, beharrlich und zuversichtlich zum Licht streben. Doch wir wissen auch, dass dieser Weg nicht für jeden so anziehend ist wie für uns. Tatsächlich gibt es nicht wenige, auch in unseren Familien, Freundeskreisen, Firmen, unter unseren Mitarbeitern und Kollegen, die keinen Wert auf Wachstum legen. Die es so bequem wie möglich haben möchten und sich nicht so viele Gedanken machen wollen. Im Idealfall ist ein Unternehmen sozusagen beseelt von vielen Mitarbeitern, die zum Licht streben, sie erhellen das Licht der Firma. Doch die Realität sieht anders aus. Und nun sind wir, die ihre Knospen zum Licht strecken, doppelt gefragt. Zum einen, indem wir nicht nachlassen in unserer buddhistischen Praxis. Zum anderen, indem wir diejenigen, »für die das nichts ist«, genauso respektieren wie Gleichgesinnte. Man kann keine zukünftige Lotosblüte, die jetzt aber noch fest im Schlamm knospt, mit Gewalt nach oben ziehen oder mit einer Gehaltserhöhung verlocken, sich auf den Weg zu machen.

Es liegt nicht in unserer Macht. Sehr wohl liegt es aber in unserer Macht, diese Menschen wertschätzend zu betrachten, zu behandeln und nichts in sie hineinzuprojizieren. Oder uns als Retter oder Missionare aufzuspielen. Oder sie zu verachten. Wir können sehr viel lernen von denjenigen, die lieber Knospe als

Blüte sind, wenn man hier überhaupt von einer bewussten Entscheidung sprechen kann, wenn wir an die vier Stufen des Lernens denken … die ja nicht nur eng innerhalb eines Lebens gedacht werden können, sondern über viele Reinkarnationen hinweg. So gehört es zu den ganz großen Herausforderungen, andere sein zu lassen, ohne sie zu verlassen. Oder die Realität anzunehmen, wie sie ist.

Es gibt ein Sprichwort, das besagt, man könne niemanden zu seinem Glück zwingen. Auch nicht zu seinem inneren Wachstum. Jeder kann nur von sich heraus wachsen.

Wir alle sind auf dem Weg, und weil wir im Wasser des Lebens schwimmen, sind wir mal ein Stück weiter unten, mal weiter oben. Je mehr Ahnung wir vom Licht bekommen, desto dringender wollen wir auch dorthin. Und wenn wir in unserer Buddha-Natur erstrahlen, sind wir höchst attraktiv für andere, auf die wir abstrahlen.

Schlussendlich entscheidet jede Lotosblüte selbst über ihre Entfaltung. Aber es kann schon sein, dass sich die eine oder andere von ihren Nachbarinnen inspiriert fühlt, die sich nach oben zum Licht recken, und sich dann doch einen Ruck gibt. Ein weiser Leader erkennt diesen Impuls und fördert ihn.

Be a Buddha Mentor: das Innere der Persönlichkeit entwickeln

Unser Mentor im Buddha-Coaching ist zuallererst unser innerer Mentor – unsere Buddha-Natur. So fragen wir den weisen Buddha in uns immer wieder, ob die Art und Weise, wie wir reden und handeln, übereinstimmt mit derjenigen, nach der wir streben. Wir fragen uns: Wie würde der Buddha in uns handeln? Sehr oft sind unsere Fragen dann schnell geklärt.

Wir haben für Sie eine Meditation aufgenommen mit dem Titel »Problem lösen mit Buddhas Hilfe«, die Sie über den QR-Code im Anhang gern von unserer Webseite herunterladen können. Die Meditation dient dazu, schwierige Situationen im Leben aus der Sichtweise des Buddha zu reflektieren. Statt dass wir uns in Schuld- oder Schamgefühlen selbst blockieren, gehen wir in der Meditation nochmals zu der schwierigen Situation aus der Vergangenheit, wir rufen sie erneut ins Gedächtnis. Wir gehen jedoch nicht assoziiert mitten in die Situationen, um nicht wieder überwältigt zu werden von den negativen Gefühlen. Sondern wir gehen zurück zu dem Moment, bevor das ganze »Drehbuch« sich entfaltet. An diesem Punkt stellen wir uns, geführt in der Meditation, vor, wie es an der Tür klopft. Wir öffnen die Tür, und da steht Buddha oder der Dalai-Lama oder ein anderer weiser Mentor, dem man vertraut. In unserer Meditation ist es Buddha.

Der Buddha kommt herein und steigt sozusagen in unseren Körper ein, wir steigen aus und sind nun lernbegierige Zuschauer. Wir beobachten, wie Buddha, der die Regie übernommen hat, jetzt die herausfordernde Situation meistert. Wie bewegt er sich in unserem Körper, wie spricht er, wie kommuniziert und handelt er, der leuchtende Buddha in unserem Körper, während eines schwierigen Mitarbeitergesprächs, einer Präsentation oder einem Konflikt im Privatleben? Wir erkennen, wie wir diese Situation weiser handhaben können. So gewinnen wir ein neues Drehbuch für zukünftige ähnliche Situationen.

Wir internalisieren Buddha sozusagen als inneren Mentor und fragen immer wieder nach: Was würdest du tun an meiner Stelle? So docken wir am Potenzial der Weisheit an. Gleichzeitig sind wir als Führungskräfte Mentoren für andere, die wir dabei unterstützen, sich ihrer unbewussten Kompetenzen bewusst zu werden. Wir sprechen ihr Potenzial und ihre Talente an und bestärken sie auf dem Weg. Wir helfen ihnen dabei, ihre Blockierungen und Hemmnisse zu erkennen und zu überwinden. Wir stärken also die positiven Überzeugungen und Werte unserer Mitarbeiter und Kunden, damit sie mit ihnen resonieren können. So entfaltet sich ihre eigene Buddha-Natur. Das ist ein völlig anderer Ansatz, als wenn wir durch Missionieren und Besserwisserei etwas bewirken wollten, das wären die alten Muster, die dem Ego entspringen. Im Buddha-Coaching verstehen wir Mentoring als Prozess, andere in ihre eigene Kraft, ihr eigenes Leuchten zu führen.

Buddha im Business

Autorität mit buddhistischer Weisheit

Andreas arbeitet als Lehrer höchst erfolgreich mit Buddha-Coaching. Oft hat er es mit »schwierigen« Schülern zu tun, wie die Pubertierenden von seinen Kollegen genannt werden. In der Tat haben sie Schwierigkeiten, sich einzuordnen, und sind ihren hormonellen Schwankungen oft ziemlich ausgeliefert, sodass sie sich in einer No-Bock-Stimmung verbarrikadieren – unerreichbar für viele Kollegen von Andreas. Doch er findet Kontakt zu ihnen:

Während seiner morgendlichen Meditation stellt er sich vor, wie sich das Klassenzimmer später auffüllt mit dem roten Licht von Buddha Amitabha, und in diesem roten Licht sitzt er selbst während des Unterrichts, wie auch seine Schüler, die das natürlich nicht wissen, aber dennoch spüren; und sie verhalten sich anders bei diesem Lehrer, sind interessiert, offen, machen mit. Viele wenden sich mit ihren kleinen und großen Problemen vertrauensvoll an Andreas – und im Gegensatz zu einigen seiner Kollegen fühlt er sich kein bisschen ausgebrannt oder abgestumpft.

In seiner morgendlichen spirituellen Praxis visualisiert er sich beim Verlassen der Schule und sieht seine Schüler einzeln vor sich. Dass sie aufgefüllt sind mit positiven Erfahrungen des heutigen Tages und er sie alle gut unterstützt hat auf ihrem Weg. Und morgen kommen sie gern wieder, weil sie die hohe Frequenz im Klassenzimmer wahrnehmen, sie nennen es »gute Stimmung«.

Andreas erzählte uns, er sei selbst immer wieder erstaunt über diese hohe Frequenz, durch die das Vermitteln des Lehrstoffs viel leichter falle, denn die Schüler sind motiviert – weil er selbst motiviert ist. Gewiss funktioniere es nicht jeden Tag gleich gut, das hänge von seiner eigenen Vorbereitung ab. Je intensiver sie sei, desto besser.

Außerdem ist Andreas aufgefallen, dass seine Schüler ihn wirklich respektieren und seiner Autorität ohne Murren folgen. So hat er es viel einfacher als seine Kollegen. In seinem Unterricht wird viel gelacht, der Umgang miteinander ist warm und herzlich. Andreas weiß, woran es liegt.

Einmal hat ein Schüler zu ihm gesagt: »Wenn ich bei Ihnen in der Klasse bin, mag ich mich selbst.« Das war für Andreas eines der schönsten Komplimente für seinen Unterricht, dass er mit Buddhas Hilfe ein Feld bauen kann in der Meditation, in dem die Schüler sich jenseits der drei Geistesgifte entspannen können. Sie vergessen Probleme, ihr »Nicht-Genügen«, ihre Unruhe, Zerrissenheit, pubertäre Verzweiflung. Und als menschlich fühlende Wesen können sie in ihrer Buddha-Natur ankommen.

Die wirksamste Entkräftung der drei Geistesgifte, denen alle Probleme zugrunde liegen, geschieht durch die Entwicklung der eigenen Persönlichkeit, wie wir sie in den folgenden sechs Punkten schildern.

1. Aufarbeiten der eigenen Geschichte, Traumata lösen

Wir haben in nun knapp vierzig Jahren Coaching unendlich viele Führungskräfte kennengelernt und waren in sehr vielen Unternehmen vor Ort. In unzähligen Situationen waren die nicht bearbeiteten inneren Konflikte der Mitarbeiter und Führungskräfte der Auslöser für eine Schieflage der Firma, ob wirtschaftlich oder das Betriebsklima betreffend. Wir haben zum Teil ein von den gequälten Beschäftigten als selbstverständlich akzeptiertes »Miteinander« beobachtet, das besser in einen osteuropäischen Kasernenhof gepasst hätte. Unvergessen ist uns ein Geschäftsinhaber, der seine Mitarbeiter vor unseren Augen derart zusammenfaltete, dass sich uns eine neue Dimension des Fremdschämens offenbarte.

Wie sehr viele Führungskräfte, die keine andere Möglichkeit sehen zu entspannen, schaute auch dieser Geschäftsinhaber häufig tief ins Glas. Nüchtern betrachtet, war er Alkoholiker. Trinkfest musste er laut eigener Einschätzung unbedingt sein; seine Branche war »trinkfest«. Bedeutende Geschäftsabschlüsse würden bei feuchtfröhlichen Terminen getätigt. Aus uns nicht nachvollziehbaren Gründen buchte dieser Geschäftsinhaber immer wieder Coachings bei uns. So lernten wir viele seiner Mitarbeiter kennen, die in ihrem Verhalten ursächlich alle dem Chef ähnelten: unverarbeitete Kindheiten, schlechte Erfahrungen, Dramen. Und das alles wiederholte sich Tag für Tag im Job, sodass sie sich dort zu Hause fühlen konnten – und sich nicht gegen die Angriffe unter der Gürtellinie wehrten, denn das hatten sie nie gelernt. Wurde aus Versehen ein psychisch gesunder Mitarbeiter eingestellt, blieb er nicht lange. Jemand mit einem hohen Bewusstsein hält es in einer solchen Firma natürlich nicht aus.

So stagnierte das Unternehmen über viele Jahre, und als dann endlich einer von den Getreuen absprang, der das Muster nach einer Psychotherapie wegen seiner Scheidung durchbrach, und auch noch Kunden mitnahm, ging die Firma unter.

»Er hat mir mein Lebenswerk zerstört«, klagte der Geschäftsinhaber seinen Mitarbeiter an. Aber nein, das hatte er selbst schon gründlich besorgt. Anstatt seine eigene Geschichte mit seinem gewalttätigen Vater aufzuarbeiten, hatte er sich überidentifiziert. Er war unfähig zur Reflexion. Das findet man leider häufig, und es ist ein Wunder, dass trotzdem so viele Firmen irgendwie weiterlaufen – und dann noch Coachings buchen, die sie mit allen Mitteln boykottieren.

Wir haben aufgehört, mit solchen Kunden zu arbeiten. Wir halten uns lieber an diejenigen, die ihr Potenzial ausschöpfen und erweitern möchten. Davon gibt es zum Glück immer mehr.

Es zeugt von Narzissmus, sich selbst nicht infrage stellen, nicht nachdenken und nicht reflektieren zu können. Diese Verdrängung mündet in vielen Fällen in einer Beratungs- und Feedback-Resistenz. Geradeso, als würde das Erreichen einer gewissen Position mit Unfehlbarkeit einhergehen, wie wir es nicht nur bei Politikern, sondern eben auch bei Unternehmern sehen. Das Ausweichverhalten resultiert aus der Unfähigkeit, sich mit seiner eigenen Schattenpersönlichkeit auseinanderzusetzen, den Schmerz zu fühlen und schließlich Reue. Reue ist im Buddhismus ein entscheidendes Moment, um in Zukunft andere Wege einzuschlagen, sprich: von vornherein nichts mehr zu tun, was einen später mit Reue erfüllen würde.

Wenn wir unsere eigene Geschichte reflektiert haben, sind wir insgesamt wacher. Wir tappen nicht immer wieder in dieselben Fallen.

Es ist unfassbar, wie mächtig die Vergangenheit unsere Gegenwart und Zukunft stören kann. Aufgrund bestimmter Ereignisse in der Vergangenheit, an die wir uns gar nicht bewusst erinnern, meiden wir Herausforderungen in der Gegenwart und planen unsere Zukunft – immer aus einem Mangel heraus, sozusagen unterwegs mit dem Hilfsmotor.

Da wir gerade in der Vergangenheit waren: Erinnern Sie sich an diese unförmigen rechteckigen Dinger, genannt Videokassetten? Stellen Sie sich vor, Sie hätten ein Video Ihres Lebens. Sie haben es gründlich angeschaut, die einzelnen Episoden analysiert, mit anderen darüber gesprochen, Verbindungen aufgedeckt – und irgendwann haben Sie es oft genug gesehen. Es wird fast ein bisschen langweilig. Bewusst legen Sie es in einen Schrank und können es nun auch getrost vergessen, denn Sie haben sich ausführlich damit beschäftigt.

Je besser wir unsere Vergangenheit geordnet haben, desto weiter und breiter und schöner, nämlich immer wieder aufs Neue, können wir die Welt erleben. Wir werden fähiger zum Glücklichsein und enthusiastischer für uns selbst, nicht, weil wir etwas ausblenden, sondern im Gegenteil: alles einblenden, das Gute und das Schlechte. Weil wir ertragen, dass es zusammengehört. Das ist Freiheit.

2. Entlarven falscher Überzeugungen

Überzeugungen sind wie ein Filter. Wenn wir diese Filter, wie wir die Welt wahrnehmen, nicht immer wieder überprüfen, können unbewusste Glaubenssysteme zu mächtigen Einschränkungen werden. Sie können uns blockieren, weil wir durch den Filter eines falschen Glaubenssystems die Realität anders wahrnehmen, als sie ist. Das Leben resoniert ständig mit dem, was wir für wahr halten, wie im Kapitel zur Quantenphysik beschrieben. Dazu gibt es eine passende Geschichte von einem Londoner Therapeuten, der einige Pfundnoten am Gehweg zu seinem Haus unter den Büschen versteckte. Es interessierte ihn, wer von seinen Klienten sie entdecken würde. Und tatsächlich: Diejenigen, die von negativen Überzeugungen geprägt waren, sahen das Geld gar nicht. Sie waren so blockiert, dass sie die Chance auf den Gewinn verpassten.

Das erleben wir auch in Unternehmen. Deshalb ist es so wichtig, die eigenen Glaubenssysteme und die der Mitarbeiter zu erforschen. Besonders eindrucksvoll sehen wir das bei Außendienstmitarbeitern. Die erfolgreichsten unter ihnen werden von positiven Glaubenssystemen über ihre Kunden geleitet. Sie verachten sie nicht oder reden schlecht über sie, sondern wertschätzen sie. Sie sagen Sätze wie »Meine Kunden sind wie meine Freunde«, »Ich mag meine Kunden« oder »Bei jedem Kunden gibt es irgendwas zu gewinnen« – diese Einstellung schlägt sich in ihrer Bilanz nieder. Somit hängt der Erfolg eines Unternehmens von den Glaubenssystemen, den bewussten und unbewussten Überzeugungen seiner Mitarbeiter ab. Wenn jemand sehr strenge Überzeugungen hat – »Alle sind so«, »Nie ist …«, also sich auf ein Weltbild starker Verallgemeinerungen bezieht –, dann lässt sein Gehirn keine Ausnahmen gelten. Dadurch kann die Welt sehr klein werden und eng. Somit ist die Erkenntnis über die eigenen Überzeugungen eine Voraussetzung für Flexibilität. Wir weichen harte Denkstrukturen auf, um Ausnahmen zu erlauben und unsere Chancen und Möglichkeiten zu erkennen und zu nutzen – für unternehmerischen Erfolg und auch privaten, denn diese Haltung wirkt ja auf den ganzen Menschen.

Was aber sind nun falsche oder richtige Überzeugungen? Das kann jeder nur für sich selbst herausfinden. Ein Beispiel wäre die falsche Überzeugung, dass Materie das Wichtigste im Leben ist. Wer dem Quantenfeld keinen Platz einräumt, verzichtet auf eine ganze Welt, die ihn tragen könnte. Das Gleiche gilt für die Ursache-Wirkungs-Schleife von Karma. Der Filter »Alle meine Mitarbeiter betrügen mich« ist genauso falsch wie »Ich kann allen meinen Mitarbeitern hundertprozentig vertrauen«.

Wenn man auf das Leid in seinem Leben zurückschaut, erkennt man oft, dass vieles selbst kreiert war aufgrund falscher Überzeugungen. Doch die können wir ja ändern, wenn Sie sich an das Growth Mindset erinnern: Wir sind fluide Wesen. Wir dürfen uns verändern, ja, es gehört zur Entwicklung und Reife des Menschen. Wir machen Erfahrungen und sehen die Welt mit vierzig anders als mit zwanzig, denn wir haben viel dazugelernt und falsche Überzeugungen entlarvt. Damit sollte man nie, nie, nie aufhören! Es gibt immer wieder neue.

Wir gehen mit der Zeit: von der Videokassette zur Festplatte. Unser Geist ist wie eine Festplatte. Welche Überzeugungen sind darauf gespeichert?

- »Mitarbeiter brauchen Druck, sonst werden sie faul.«
- »Lieber so tun, als hätte man Stress, bevor die einen mit Arbeit zukleistern.«
- »Am Ende bleibt doch alles an mir hängen.«
- »Es gibt nur eine Sicherheit: alles selber machen.«
- »Das ist eine Nummer zu groß für mich.«

Es gibt Minderwertigkeits-Glaubenssätze und Größenwahn-Glaubenssätze – kennen Sie Ihre Vorliebe? Beide haben eine Gemeinsamkeit: Sie vernebeln unseren Geist. Wenn wir im Nebel herumstochern, erkennen wir unsere Ziele nicht mehr, wir verlieren die Orientierung: Worum geht's hier gleich noch mal? Ach so, ich wollte den Kunden von unserem neuen Produkt überzeugen. Es geht hier gar nicht um mich und darum, dass der Kunde mich nervt, »… weil der so eine Angeberkarre fährt. Alle, die mit so 'nem Wagen rumfahren, kenne ich doch. Die haben so was nötig«.

Unsere falschen Überzeugungen wirken wie ein Filter auf unsere Wahrnehmung. Wir sehen nur noch, was wir sehen wollen beziehungsweise können, nämlich das, was wir glauben wollen und mit der Wirklichkeit verwechseln.

Der Chef begegnet Mitarbeiter Färber auf dem Flur vor den Toiletten und ist sicher, dass Färber ihn schon wieder um mindestens zehn Minuten betrogen hat, die er auf der Toilette anstatt am Schreibtisch zubrachte. *Und dann jammern von wegen zu viel Arbeit.* Dass Färber gar nicht auf der Toilette war oder heute zum ersten Mal und auch nur drei Minuten, spielt keine Rolle. Der Chef sieht nur, was er aufgrund seiner Filter sehen kann: Alle betrügen mich.

Unsere Glaubenssätze lassen nur jene Wahrnehmung passieren, die mit ihnen übereinstimmt. Das Unterbewusstsein sucht ständig nach Bestätigung der falschen Überzeugungen, und da wir sie finden, auch wenn sie nicht wahr sind, verstärken sich die Glaubenssätze. Der Nebel wird dichter und dichter, schon längst gibt es keinen Weitblick mehr, man fährt irgendwie auf Sicht. Da hat man keine Kapazitäten frei, seine Überzeugungen zu überprüfen oder gar den Nebelscheinwerfer zu suchen. Es könnte ja etwas Schreckliches passieren: Man könnte sehen, dass es für jeden Glaubenssatz ein Gegenbeispiel gibt.

Und dann?

Eine gute Überzeugung, einen guten Glaubenssatz jenseits von Minderwertigkeit und Größenwahn erkennt man am Ergebnis. Buddhistisch betrachtet, ist es das Ursache-Wirkung-Prinzip, kurz Karma.

Es kann sehr wehtun, wenn sich herausstellt, dass man den falschen Überzeugungen gefolgt ist, was ja manchmal geschieht, wenn man von der Wirklichkeit eingeholt wird. Dann steht eine Führungskraft vor einer anderen und soll die Verantwortung dafür übernehmen, den Karren an die Wand gefahren zu haben. Sehr oft wird diese Verantwortung aber nicht übernommen, sondern ein Schuldiger gesucht, denn man selbst ist ja grandios: Mir passiert so was doch nicht!

Es ist immer wieder erstaunlich, wie Menschen, auch wenn sie mit unwiderlegbaren Beweisen konfrontiert werden, dennoch nach Schlupflöchern suchen. Und wie sie auch im Nachhinein die Ereignisse so verbiegen, dass sie zu ihren Glaubenssätzen passen. Doch nehmen wir an dieser Stelle einmal an, jemand habe seine falschen Glaubenssätze entlarvt, ob größenwahnsinnig oder minderwertig. Bei einem Menschen, der sich aufgrund seiner der Minderwertigkeit geschuldeten Glaubenssätze wenig zutraute, kann ein tiefes Bedauern darüber ausbrechen, gewisse Chancen im Leben nicht genutzt zu haben aus der Angst heraus, ihnen nicht gewachsen zu sein. Unzählige Male sind uns Klienten begegnet, die zu spät erkannten, wie viel in ihnen steckt. Manche merkten es erst, als sie ihre Buddha-Natur entdeckten. Bis dahin hatten sie den falschen Glaubenssätzen Gehör geschenkt. »Hätte ich mir mehr zugetraut, hätte ich keinen Chef vor die Nase gesetzt gekriegt, sondern wäre selbst einer geworden.« Hätte, hätte, Fahrradkette. Oft hören wir auch: »Ach, hätte ich doch schon in jungen Jahren Unterstützung bei einem Coach gesucht. Wie viel wäre mir erspart geblieben.«

Letztlich bringt das alles nichts. Es ist, wie es ist, und wer weiß, wozu es gut ist. Sollte ein Jobwechsel anstehen oder eine Beförderung, ist ein Coaching immer ratsam. Es ist wie ein TÜV, mit dem man überprüfen kann, ob das Fahrzeug auch für höhere Geschwindigkeiten und vielleicht starke Seitenwinde ausgelegt ist. Und man kann es dann eventuell nachrüsten.

Fakt ist, dass Menschen, die überzeugt von ihrer Kompetenz sind, auch wenn diese nicht besteht, schneller höher rücken als Menschen mit deutlich höherer Kompetenz, die ihr Licht jedoch unter den Scheffel stellen. Es bedarf eines erfahrenen Personalers oder Chefs, sich von inflationär auftretenden Selbstdarstellern nicht blenden zu lassen. Ein solcher überprüft dann nicht nur seine eigenen Glaubenssätze, das ist ja Voraussetzung, sondern auch die des Bewerbers. Dazu braucht man allerdings eine gute Strategie und ein paar Kommunikationswerkzeuge, um sich von einer oberflächlichen auf eine tiefere Ebene zu schrauben. Mit gezielten Fragen findet man letztlich immer heraus, wie es um die Fähigkeiten des Gegenübers bestellt ist. Außer man lässt sich von seinen eigenen Erwartungen aufs Eis führen und projiziert etwas in einen Bewerber, wie wir seinerzeit mit unserer Sekretärin, die nicht das Geringste mit seiner Heiligkeit dem Dalai-Lama zu tun hatte, was wir aber glaubten – mehr dazu später.

3. Überprüfen des Umfelds

Haben Sie das auch schon einmal erlebt: Sie sind in einem Restaurant verabredet und auf den ersten Blick sehr angetan von der Einrichtung, der Beleuchtung – ein toller Ort, den Sie spontan auf Ihre innere Liste der Weiterempfehlungen setzen. Doch nach einer Weile merken Sie, dass Sie sich nicht so wohlfühlen, wie Sie vermuteten. Irgendetwas stimmt nicht, obwohl die Speisekarte keine Wünsche offenlässt. Als Sie den Waschraum aufsuchen, hören Sie aus der Küche wüste Flüche. Nun wissen Sie, woher das Störgefühl rührt. Das negative Feld aus der Küche hat sich ausgebreitet über das ganze Restaurant. In der Folge werden die Gäste wegbleiben, auch wenn keiner weiß, warum. Es werden Gründe gesucht und gefunden: Der Service ist eine Katastrophe. Es zieht. Man findet keinen Parkplatz.

In Wirklichkeit schmeckt das Energiefeld nicht.

Das Restaurant können wir ohne Weiteres verlassen. Unseren Arbeitsplatz nicht. Wir sind den Energien ausgeliefert, die Kollegen und Kunden mitbringen. Manche Firmen sind für ihre schlechte Stimmung berüchtigt, wie einige Jahre lang die Telekom. Ein Klient sagte uns einmal: »Ich schäme mich, dass ich in dem Laden arbeite. Ich sage meistens nur, dass ich in der Telekommunikation arbeite.« Eine solche unglückliche Verbindung zum Unternehmen stört das Netz, das Feld, den Erfolg. Mitarbeiter sollen ein gutes Gefühl hinsichtlich ihres Unternehmens haben, vielleicht auch stolz darauf sein, ohne sich über die Maßen zu identifizieren. Sie sollen gern dazugehören wollen. Aber wer prägt das Feld? Die Führungskräfte.

Es kann auch sein, dass ein privates Feld den Berufsalltag stark beeinträchtigt. So war es bei Isabella. Eigentlich lief für die Abteilungsleiterin alles super, wenn da nicht ihr eifersüchtiger

Freund gewesen wäre, der jede Überstunde und jedes Firmenessen als Chance zum Betrug interpretierte, sodass Isabella bedrückt in Meetings saß, die länger dauerten als vermutet, und förmlich spürte, wie ihr Feld schrumpfte, grau wurde, wie ein Luftballon verschrumpelt am Boden lag.

Sie begann in solchen Situationen innerlich zu rezitieren, auch beim Autofahren nach Hause, und wann immer es möglich war. Das wirkte wie eine Kur, und sie konnte spüren, wie sie wieder in ihre Kraft kam, in ihre Buddha-Natur. Aus dieser heraus konnte sie sich liebevoll aus den Fängen des eifersüchtigen Freundes lösen.

»Mit einem kleinen verschrumpelten Feld wäre mir das nie gelungen«, erzählte sie uns. »Da wäre ich ja viel zu schwach dazu gewesen. Man muss immer in seine Größe kommen und in sein Strahlen, dann trifft man die richtigen Entscheidungen. Aus der Fülle heraus, nicht aus dem Manko.«

Weise gesprochen!

4. Innere Disziplin: den Geist in eine gute Richtung lenken

Wie groß der Einfluss unserer Gedanken auf unser Leben ist, das wissen wir spätestens, seit Bücher vom positiven Denken den Markt überschwemmen. Positiv zu denken geht schon mal in die richtige Richtung. Doch was genau sind das eigentlich, Gedanken? Es handelt sich dabei entweder um Bilder, die durch unser Gehirn rauschen, oder es rauscht als Gerede: unsere innere Stimme. Gedanken suchen sich Objekte, an die sie sich heften können, mit denen sie sich dann hartnäckig und rund um die Uhr beschäftigen. Dabei ist ihnen der Inhalt egal. Hauptsache: immer in Bewegung bleiben. Das Fatale daran ist: Das, womit wir uns beschäftigen, das, woran wir ständig denken, lädt unseren Geist auf. Ist uns das bewusst?

Welches Auto kaufe ich mir als Nächstes? Auf einmal sieht man nur noch Autos, denkt an Autos, träumt von Autos, wird fast zu einem Auto. Oder malt schwarz, nicht das Auto, sondern die Zukunft, nämlich in düsteren Farben. Werde ich die Umsatzzahlen schaffen? Nicht wenige Menschen machen sich pausenlos Sorgen und füttern ihren Geist mit den schlimmsten Befürchtungen. Daraus resultiert Angst. Auch Wut kann einen großen Raum im Gehirn vieler Menschen einnehmen, und sie kippt oft in Trauer.

Sind das die Emotionen, von denen wir unser Leben bestimmen lassen wollen? Sorgen, Ängste, Wut und Trauer? Und wie ist das nun mit dem positiven Denken? Ja, es gibt auch einen positiven Strom der Gedanken. Zum Beispiel, was man sich wünscht, welche Ziele man realisieren will in seinem Business, wie man seine Beziehungen leben möchte.

Wichtig ist es, sich zu verinnerlichen: Das, was wir denken, beeinflusst die Ladung unserer Gedankenströme: positiv oder negativ.

Im buddhistischen Kontext fokussieren wir den Strom der Gedanken auf die Qualitäten des Buddha und neutralisieren sie damit. Wir distanzieren uns von übertrieben Positivem und Negativem und streben eine gelassene Mitte an. Einen ausgeglichenen inneren Zustand. Diesen erreichen wir zum Beispiel, indem wir auf Buddha rezitieren – oder in der Meditation.

Wir sollten niemals vergessen, dass unser innerer Zustand sich in unserem Leben manifestiert. Wir wünschen uns ein bestimmtes Auto. Und dann? Sind wir dann endlich okay, wenn wir es haben – oder die Beförderung? Oder sind wir nicht immer okay? Und wenn wir uns ständig damit befassen, was nicht optimal ist, dann ziehen wir genau das an. Es gibt ein kluges Sprichwort, das lautet: Wähle deine Feinde sehr sorgfältig, weil du mit der Zeit zu dem werden wirst, was du verachtest. Aus diesem Grund hat die weise Mutter Teresa wohl sehr bewusst formuliert, dass sie nicht gegen den Krieg sei, sondern für den Frieden.

Eine weise Frau, und ihre Klugheit ist mittlerweile auch neurologisch bestätigt: Wir ziehen das an, was wir denken. Wenn wir uns ständig mit unserem Erzfeind beschäftigen und Hass und Wut schüren, werden wir über kurz oder lang die Eigenschaften des Erzfeindes übernehmen. Das bedeutet, wenn wir kontinuierlich das Bild von unserem ärgsten Feind im Geist vor uns sehen, seine Stimme hören, seine Emotionen wahrnehmen, dies mit unserem eigenen Energiefeld vermischen, dann können wir tatsächlich so unangenehm werden wie der Widersacher. Wir haben dann nämlich sein Programm in unseres heruntergeladen. Fokussieren wir uns hingegen auf den leuchtenden, goldenen Buddha, übernehmen wir *diese* Eigenschaften. Für das Gehirn ist der Inhalt egal. Es nimmt, was kontinuierlich da ist.

Seit in der Medizin die bildgebenden Verfahren üblich sind, hat man viele Gehirne untersucht, und Erstaunliches ist zutage getreten über die Kraft der Gedanken. Daraus hat sich eine neue Disziplin entwickelt: die Psychoneuroimmunologie, welche die Wechselwirkungen von Körper und Geist erforscht. Wir freuen uns darüber, dass solche Zusammenhänge, die der Buddhismus seit Jahrhunderten lehrt, nun von der Hightechmedizin bestätigt sind. Wer Probleme mit dem Glauben hat, kann nun fundiert erforscht wissen!

5. Das Bewusstsein der eigenen Werte und ihre Auswirkungen

Unsere Werte sind der Motor für unsere Motivation. Und sie sind ein Schatz, den wir nicht jedem anvertrauen. Kein Mensch offenbart seine Werte, wenn er seinem Gegenüber nicht vertraut. Und wie schafft man Vertrauen? Das haben wir in unserem Buch *Richtig gut rüberkommen* beschrieben.

Häufig haben wir erschreckend wenig Ahnung, was uns wirklich wichtig ist. Falls Sie es noch nicht wissen: Machen Sie sich Ihre Wertepyramide bewusst. Wir merken es spätestens, was uns »wert-voll« ist, wenn ein Wert verletzt wird. Viele Menschen würden Respekt beispielsweise als nicht vordringlich wichtig einstufen – bis jemand sie respektlos behandelt. Da merken sie, wie weh das tut.

Neulich erzählte uns ein Teilnehmer selbst noch verblüfft, dass er seinem Chef die Kündigung auf den Tisch gelegt hatte, zehn Minuten nachdem dieser ihn respektlos abgekanzelt hätte: »Ich bin noch immer erstaunt über meine Reaktion, aber je mehr Zeit vergeht, desto sicherer bin ich, dass ich das Richtige getan habe. Das war keine Spontanaktion, das war eine tiefe Verletzung, und damit konnte ich in dieser Firma nicht weiterarbeiten.«

Der Chef versuchte mehrmals, den Mitarbeiter zurückzuholen: »Du kennst mich doch. Du weißt doch, wie ich bin. Ich meine so was doch nicht so, wie ich es sage.« Doch es war zu spät. Und wir sehen: Nicht nur unsere eigene Wertepyramide ist wichtig, sondern als Führungskräfte sollten wir auch die unserer Mitarbeiter kennen.

Jack Kornfield, der bekannte buddhistische Theravada-Lehrer aus Kalifornien, sagt: »Wir müssen unser Leben ohne Idealisierung, ohne Übertreibung, ohne Sentimentalität untersuchen: Reflektieren unsere Entscheidungen unsere tiefsten Werte?«

Ja, unsere Kongruenz, unser Seelenheil, hängt tatsächlich davon ab, ob wir entsprechend unseren Werten leben. Wenn wir gegen unsere Werte leben, kann das eine, wenn auch subtile, Veränderung bis zur Zerrissenheit kreieren, die sogar in Krankheit oder Depression führen kann. Warum ist das so? Nun, Werte sind mächtig, denn sie sind aufgeladen mit Hunderttausenden von Bildern. Erfolg, Glück, Liebe, Freude, Sicherheit – was auf den ersten Blick als bloßes Wort erscheint, ist in Wirklichkeit ein Sammelsurium an Emotionen. Jeder von uns hat eine andere Wertehierarchie, basierend auf unseren Erfahrungen. Die Bedeutung der Werte für das eigene Leben ist jedoch bei allen Menschen gleich. Werte sind ein Kraftreservoir, und wenn wir sie boykottieren, sabotieren wir unsere eigenen Ressourcen. Wir hindern uns daran, unser ganzes Potenzial zu entfalten.

Für einen Mentor oder eine Führungskraft ist es unabdingbar, die Werte der Mitarbeiter zu kennen, da mit ihnen wie auf Knopfdruck Motivation gestartet werden kann. Denn es gibt nichts, was uns so sehr beflügelt, wie in Einklang mit unseren Werten zu handeln. Eine kluge Führungskraft schreibt keine Wege vor, sondern unterstützt die Mitarbeiter darin, das Ziel auf ihre eigene Art und Weise zu erreichen, womit sie am schnellsten sind. Angenommen, für eine Mitarbeiterin ist Herausforderung der höchste Wert, und sie liebt die Abwechslung. Ihr Kollege legt hingegen höchsten Wert auf Sicherheit. Eine weise Führungskraft kann ein und dieselbe Aufgabe einmal als Herausforderung, ein andermal als sicheren Ablauf vermitteln und somit den jeweiligen Wert der Mitarbeiter »bedienen«.

Manche Menschen haben sich noch nie Gedanken über ihre Werte gemacht. Man kann sie definieren, indem man sich an eine Lebensphase erinnert, in der man in Hochform war. Welche intensiven Emotionen haben mich damals angetrieben? Was war mir besonders wichtig?

Werte verursachen starke Gefühle im Körper, die mit bestimmten Bildern in der Vergangenheit und Zukunft verknüpft sind. Sie sind die Geistesfaktoren der Motivation. Sie enthalten Erfahrungen in der Vergangenheit, die extrem positiv aufgeladen sind. Jeder Wert ist in der Kindheit aufgeladen. Die Eltern geben die Werte über Geschichten, Erlebnisse, emotionale Unterstreichungen weiter an die Kinder. Meist kommen aus erfolgreichen Unternehmerfamilien wieder erfolgreiche Kinder – Ausnahmen bestätigen die Regel. Diese starken Wertegefühle sind die innere Kraft der Motivation. Das Unterbewusstsein speichert diese Gefühle und verbindet sie mit Worten, Bildern und starken Emotionen. Das Unterbewusstsein sortiert sich hierarchisch. In jedem von uns ist ein höchster Wert, der alle anderen steuert.

Bekommt ein Mitarbeiter, der Herausforderung als höchsten Wert hat, nur monotone, gleichgeschaltete Aufgaben, wird er über kurz oder lang übellaunig, genervt, gelangweilt und fängt an, innerlich seine Kündigung vorzubereiten.

In Behörden ist Sicherheit oft der höchste Wert. Wie auch für Menschen, die Routinen lieben, im Gegensatz zu anderen, die ständig neue Herausforderungen brauchen und die Abwechslung schätzen. Für Routinefans ist etwas Neues zu lernen das pure Grauen. Denn dabei müssen sie das Risiko eingehen, dumm dazustehen, was sie ja dadurch vermeiden möchten, indem sie Routinen abarbeiten. Einen Mitarbeiter hingegen, der Herausforderung als höchsten Wert hat, darf man nicht zu lange mit der gleichen Aufgabe befassen, sonst verkümmert er.

Ein Vorgesetzter, der kein gutes Händchen für die Positionierung seiner Mitarbeiter hat, kann mit falschen Personalentscheidungen die Firma lahmlegen. Und sich dann womöglich fragen, woran es liegt.

Für sehr viele Außendienstler ist Freiheit der höchste Wert. Wenn Sie das wissen, verstehen Sie auch, warum sie sich so ungern etwas sagen lassen. Geben Sie ihnen die Möglichkeit, selbst zu bestimmen in einem Rahmen, den Sie verantworten können – und die Mitarbeiter werden Ihnen gern folgen, weil sie sich frei fühlen.

Ein Außendienstmitarbeiter, der einen neuen Chef bekommen hatte, erzählte uns einmal: »Ich habe ja immer gedacht, dass mir Sicherheit am wichtigsten ist. Sicherer Arbeitsplatz und so weiter. Doch mit dem neuen Chef, der uns ständig kontrolliert, ohne Ankündigung plötzlich beim Kunden steht, wenn ich einen Termin habe, merke ich, dass mir Freiheit wichtiger ist. Das geht so weit, dass ich mir eine Kündigung überlege. Ich weiß jetzt, dass ich im Außendienst bin, weil ich das Gefühl von Freiheit brauche, und wenn ich mich draußen wie im Innendienst fühle, dann bin ich nicht mehr so gut in meinem Job.«

Wer in Einklang mit den eigenen Werten lebt, kann sein Potenzial voll ausschöpfen, egal, um welchen Wert es sich handelt. Wir haben festgestellt, dass für viele Menschen aus dem Beauty-Bereich Liebe der höchste Wert ist. Damit ist nicht die romantische Liebe gemeint oder die Liebe zur Familie, zu den Kindern, sondern eine übergeordnete Liebe zu den Menschen, mit denen sie zu tun haben. Diese Liebe wirkt als treibende Kraft, sie lieben ihre Tätigkeit, weil sie damit ihren höchsten Wert verwirklichen können. Wenn nun jemand entgegenhält: »Als Friseur verdienst du doch nichts«, hat er nicht verstanden, dass der Wert Geld hier nicht so viel Kraft hat, nicht so positiv besetzt ist. Vorgesetzte täuschen sich sehr oft über die Bedeutung des Gehalts, vor allem wenn Geld ein wichtiger Wert für sie selbst ist und sie ihn deshalb anderen anbieten – und dann nicht verstehen, warum sie einen Mitarbeiter nicht halten können, obwohl sie sein Gehalt großzügig aufgestockt haben.

Vom ersten Arbeitstag an war Martina von ihrer Chefin in der Headhunting-Firma begeistert. Was für eine tolle Frau! Die Chefin wurde zu ihrem Vorbild, sie lernte viel von ihr und fühlte sich in der Firma insgesamt wohl. Keiner ihrer Wünsche blieb offen, das Gehalt war hoch, es gab viele Extras und sehr viel Anerkennung. Als die Chefin ins Ausland wechselte, wurde Martina die Führung der Filiale übergeben. Mit großem Engagement stürzte sie sich in diese Aufgabe. Es gab nur noch einen Vorgesetzten, er kam alle paar Wochen vorgefahren, ging einmal durch die Büros, sagte: »Sehr gut, Frau Weiß, hervorragende Umsätze, weiter so.« Und fuhr wieder ab. Weiter so? Martina wurde immer unglücklicher. Sie wusste aber nicht, warum. Es war doch alles super gelaufen?

Schließlich bewarb sie sich selbst auf eine Stelle, die sie als Headhunter füllen sollte, und kündigte. Ihr Chef reagierte regelrecht verzweifelt. Dreimal versuchte er, sie zurückzuholen, am Ende hatte er ihr bereits hohes Gehalt verdoppelt. Geld war in seiner Wertepyramide der höchste Wert. Martinas höchster Wert war Anerkennung. So konnte er bei ihr nicht punkten. Als intelligenter Vorgesetzter hätte er das erkennen können aus den vielen Gesprächen und Reaktionen. Es hätte wenig gebraucht, sie nur alle drei, vier Tage anzurufen: »Super machen Sie das, Frau Weiß, großartig!« Das hätte Martina beflügelt, und sie hätte weiter Höchstleistungen für ihn und die Firma vollbracht – und das sehr kostengünstig für ihn.

Genauso unverständlich wie die fehlende Begeisterung für eine Gehaltserhöhung ist es für manche Führungskräfte, dass in ihrer Abteilung so viel Unfrieden herrscht und es ständig zu Streitereien kommt, wo sie selbst doch eher auf Harmonie bedacht sind. Genau da liegt das Problem: Um ihren eigenen Wert der Harmonie zu schützen, vermeiden sie Konfliktgespräche, und die ungeklärten Probleme schwelen unter den Mitarbeitern weiter.

Buddha im Business

Einen inneren Wertekonflikt mit Buddha lösen

Es kommt eine Anweisung von ganz oben: Ich soll dem X kündigen, obwohl der schon fünfzehn Jahre bei uns ist, aber der bringt nichts mehr, und der muss raus.

Jemand, der kein Bewusstsein entwickelt hat, kann sich mit so einer Ansage überidentifizieren und bestätigen: Ja, er muss raus, das geht jetzt gar nicht mehr. Vielleicht plustert er sich innerlich auf und macht sich riesengroß im Sinne seines Egos: Ich haue jetzt auf den Tisch, das ist einfach so, und Sie müssen gehen. Packen Sie

Ihre Sachen, und in zwei Tagen sind Sie hier raus, das ist halt das Business.

Ein Buddha-Chef erlaubt es sich, den inneren Konflikt zu spüren: Auf der einen Seite habe ich keine Wahl. Ich muss die Anweisung der vorgesetzten Ebene befolgen. Auf der anderen Seite widerspricht das meinen Werten und tut unheimlich weh. Der Buddha-Chef meditiert auf diesen inneren Konflikt. Inwiefern könnte er etwas anbringen gegen diese Entscheidung? Denn sein Prinzip ist immer: Ich will mich stets mit einem aufrechten Rückgrat im Spiegel anschauen können. Tatsächlich ist manchmal das größere System so hart und brutal, dass ihm keine Wahl möglich ist, dann prüft der Buddha-Chef, wie er es auf eine gute Weise zustande bringen kann, dass er selbst nicht daran zerbricht und möglichst auch der andere nicht. So findet eine Tonalität einen Rahmen, in dem er selbst seinen Schmerz mit ausdrücken kann für das, was hier jetzt gerade geschieht, dass er Worte findet, dieses tiefe Bedauern auszudrücken, dass es so authentisch ist, also die Wahrheit ist, wodurch der Schmerz nicht weniger wird für den Betroffenen, dieser jedoch gesehen wird im Lichte des Respektes seiner wahren Buddha-Natur, und in Würde verabschiedet wird.

Vielleicht sucht der Buddha-Chef Möglichkeiten, wie er den anderen unterstützen kann, trotz des Schmerzes des Abschieds neue Wege zu finden. Und auch hier wieder hat er sich darauf vorbereitet. Er erlaubt die Gefühle, ohne davon überwältigt zu sein. Er zeigt seine Wunden, er meditiert darauf, er sieht das Ende dieses Gesprächs natürlich nicht fröhlich hüpfend enthusiastisch und doch so, dass sich beide voneinander verabschieden in Verbindung von Buddha zu Buddha.

Manchmal geht es aber auch darum, eine Kündigung rückgängig zu machen: Ein Geschäftsführer wollte kündigen, und das wollte der Eigentümer mit allen Mitteln verhindern. Morgens meditierte und rezitierte er auf den Geschäftsführer. Er stellte sich vor, wie sie sich am Ende des brillanten Gesprächs voneinander verabschieden würden – weiterhin geschäftlich miteinander verbunden, mit einer zurückgezogenen Kündigung. Es gelang, und letztlich wurde damit mindestens eine Million eingespart, denn der Geschäftsführer hätte vermutlich zwei gute Leute mitgenommen. Es wäre zeitintensiv und kostspielig gewesen, einen Nachfolger aufzubauen. Für das kleine Unternehmen hätte das alles das Ende bedeuten können.

Im Lauf des Lebens und in verschiedenen Lebensphasen kann sich die Rangfolge unserer Werte verändern. Als wir zwischen 2000 und 2010 einige DAX-Geschäftsführer coachten, fiel uns auf, dass die Mehrheit sich über Angst motivierte – also weg vom Schmerz – anstatt über Freude und Erfolg. Je nachdem, wie intensiv das Gefühl ist, es ist immer so, dass das intensivste motiviert. Auch wenn wir uns gern für eines entscheiden würden: Diese Prozesse laufen in unserem Unbewussten ab. Wir haben keinen Zugriff, solange wir nicht an uns arbeiten. Angst ist ein sogenannter negativer Wert, gespeist von der Kraft, dass wir uns von etwas wegbewegen, was wir um jeden Preis vermeiden wollen. So werden Millionäre zu Milliardären, nicht angetrieben von dem Wert Erfolg, sondern von der Angst, auf keinen Fall in der Gosse zu landen.

Eine Teilnehmerin im Seminar erzählte uns, dass ihr seit der Coronapandemie erst im Homeoffice klar geworden wäre, wie wichtig ihr die Gemeinschaft im Büro sei. »Vor Corona hätte ich geschworen, dass mich die Unruhe im Büro nervt, dass ich nicht so gern in der Teeküche stehe und mich unterhalte, dass ich es besser fände, konzentriert zu arbeiten. Nun, nach sechs Wochen im Homeoffice, komme ich mir vor wie eine Pflanze unter Wassermangel, die allmählich verdorrt. Niemals hätte ich gedacht, wie wichtig mir die Kolleginnen und Kollegen sind. Vielleicht habe ich mir das früher nicht eingestanden, weil es nicht zu meinem Selbstbild der unabhängigen, selbstständigen Abteilungsleiterin passt. Das habe ich nun revidiert!«

Kenne ich die Werte meiner Mitarbeiter, dann kann ich sie besser motivieren. Es ist nur eine Frage, die Werte in der Sprache anzuwenden und über Herausforderung, Sicherheit oder Spaß zu sprechen – je nachdem, welcher Wert beim jeweiligen Mitarbeiter im Unbewussten verankert ist. Für uns ist das gelebte Empathie: in die Welt des Mitarbeiters einzusteigen und herauszufinden, was ihm wichtig ist, und dies sprachlich immer wieder anzuwenden.

Hören Sie Ihren Mitarbeitern bewusst zu, nicht mit einem halben Ohr. Leider fehlen eine motivierende Gesprächsführung und Zuhören im Portfolio vieler Chefs, die nur so tun, als ob. Dadurch verlieren sie nicht nur »wert«volle Mitarbeiter, sondern auch echte Begegnung, Lebensqualität am Arbeitsplatz und gelebte Freude.

Leader zeichnet die Fähigkeit aus, die Werte ihrer Mitarbeiter herauszufinden, ja, herauszufinden, denn sie werden nicht auf dem Silbertablett präsentiert. Werte sind etwas sehr Persönliches, und die meisten Menschen werden vorsichtig, wenn sie das Gefühl haben, sie würden ausgehorcht. Ein charismatischer Leader, ein Menschenfreund, horcht nicht aus, sondern interessiert sich aufrichtig für sein Gegenüber. Egal, was er erfährt, er bleibt neutral. Er bewertet und wertet nicht ab: »Was, Sie angeln in Ihrer Freizeit? Hocken stundenlang am Wasser und starren vor sich hin? Wie langweilig!«

Er notiert sich stattdessen innerlich: »Mitarbeiter hat Geduld und liebt die Stille in der Natur.«

Jeder von uns hat in seinem Leben unterschiedliche Erfahrungen gemacht, die mit unterschiedlichen Bedeutungen aufgeladen sind. Was für den einen toll ist, ist für den anderen öde, was für den einen ein Erfolg sein mag, ist für den anderen nicht der Rede wert. In Tibet sagt man, ob jemand erfolgreich war, misst sich daran, wie sehr er geliebt wurde und wie sehr er liebte.

Ein aufmerksamer Chef weiß, was seine Mitarbeiter bewegt, was sie mögen und was nicht, und er kennt die Leute auf den Fotos auf den Schreibtischen. Bei aller Freundlichkeit und Harmonie ist er konfliktfähig und würde nie einen Konflikt unter den Teppich kehren, um eine Scheinharmonie aufrechtzuerhalten. Doch da er seine Mitarbeiter als fühlende Wesen wahrnimmt, eskalieren Konflikte nicht. Jeder weiß, dass er ansprechen kann, was ihn bedrückt, was falsch läuft, ohne mit negativen Konsequenzen rechnen zu müssen.

Dinge, Projekte, Vorhaben, die im Einklang mit unseren Werten sind, gehen leicht von der Hand und sind meistens auch mit wenig Ressourceneinsatz erfolgreich. Gleichzeitig ist man mit Begeisterung dabei, hat eine hohe Motivation bei der Sache und ist sehr achtsam bei der Umsetzung. Ähnliches können wir auch im Privatleben sehen: Es gibt Freunde, mit denen man gern zusammen ist, man erfährt eine Leichtigkeit, eine Freude, die Zeit ist unbeschwert, und man ist völlig präsent. Meistens sind dies Menschen, die ähnliche Werte haben. Gibt es ein Hobby oder Sportarten, Vereine, Kindergeburtstagsfeiern oder Rotary-Treffen, alte Klassenkameraden-Stammtische oder Kulturveranstaltungen, an denen sie mit viel Aufopferung, wenig Freude und mit einem großen inneren Schweinehund hingehen? Dann wissen Sie, dass dies nicht ein hoher Wert in Ihrem Leben ist. Meistens gehen auch Beziehungen auseinander, weil sich im Lauf der Jahre die Werte der beiden Partner so verändert haben, dass sich in der Freizeit immer einer dem Wunsch des anderen beugen muss. Dann lebt man in Kompromissen, dieses Wochenende entscheide ich, nächstes du. Dies sind eindeutige Indikatoren dafür, dass die Wertewelt sehr unterschiedlich geworden ist.

6. Überprüfen Sie regelmäßig Ihr Buddha-Navi

Man verlässt sich einfach drauf. Steigt ins Auto, gibt die Adresse ein, und los geht's. Doch wenn das Navi nicht upgedatet ist, kann es sein, dass sich die Landkarte geändert hat. Neue Straßen wurden gebaut, alte enden im Nichts. Die buddhistische Landkarte besteht seit Jahrtausenden, darauf können Sie sich verlassen. Doch Ihre Verbindung sollten Sie immer wieder überprüfen und immer wieder einmal ein neues Ziel eingeben:

- Heute höre ich meinen Mitarbeitern besonders gut zu.
- Heute achte ich darauf, sie in ihrer Buddha-Natur zu stärken.
- Heute werde ich jedem Mitarbeiter Anerkennung geben.

Buddha im Business

Sich innerlich aufladen in sehr schwierigen Situationen

Erhard, ein erfolgreicher Financial Controller, der selbst stets stolz war auf sein resilientes Wesen, das geschäftlich vor allem in China getestet wurde, erzählte, dass er fast gescheitert wäre in den energieraubenden Verhandlungen beim Verkauf der Firma.

»Zu allem Elend habe ich sechs Monate vorher aufgehört zu rauchen und wollte um keinen Preis schwach werden«, berichtete er. »Also bin ich in der Pause auf den Balkon für frische Luft. Dabei schaute ich auf meinem Handy auf das Bild vom goldenen Buddha Manjushri mit seinem goldenen Schwert – den Buddha der Weisheit. Ich praktizierte zwanzig Runden intensive Wim-Hof-Atmungen [lohnt sich zu googeln!] und atmete Buddha Manjushri jedes Mal tief ein. Danach fühlte ich mich wieder stark, groß und leuchtend. Interessanterweise war auch mein Zielbild vom erfolgreichen Ende dieses heiklen Sitzungsmarathons wieder greifbar. Das war mir nämlich in der Hitze der Debatten zwischendurch abhandengekommen.«

Er lachte.

»Natürlich wird mir jetzt bewusst, dass die Wirkung von Buddha Manjushri das Ergebnis meiner dreijährigen täglichen Meditationspraxis ist.«

Er hatte über die Jahre beharrlich diesen inneren Strom zu Buddha aufgebaut mit der Drei-Lichter-Meditation, deshalb wirkte das nun so schnell, wenn er in der Pause auf das Bild schaute und es tief einatmete. Jemand ohne Praxis und ohne Verbindung sieht natürlich nur das Bild auf der materiellen Ebene und kann nicht das Gleiche erfahren.

Die hohe Kunst der Selbstwahrnehmung: Ich sehe was, was du nicht siehst

Ein erfolgreicher Unternehmer weiß, wie der Geist funktioniert. Und dass er tut, was wir alle tun. Wir projizieren. Ständig, immer, rund um die Uhr. Wenn uns das nicht bewusst ist, dann können wir uns in Missverständnissen, Enttäuschungen und Fantasien verlieren. Bei der Einstellung neuer Mitarbeiter kann das, je nach Position, auch sehr teuer werden. Deshalb ist es so wichtig, sich selbst auf die Schliche zu kommen und Projektionen zu erkennen.

Aus buddhistischer Sicht wird es so formuliert: Lerne, die Dinge so zu sehen, wie sie wirklich sind. Ohne Projektion! Sozusagen ein Erleuchtungsprojekt, denn nur ein erleuchteter Geist ist wirklich frei von Projektionen. Somit ist es ein täglicher Prozess: lernen, hinter die Dinge zu sehen, lernen, seine eigenen Projektionen zu erkennen und zu durchschauen. Dies kann sehr ernüchternd sein, wenn wir zu positive Projektionen auf jemanden geladen haben und dann sehr enttäuscht sind, falls der andere sich so nicht verhält. Oder es kann auch erhebend sein, wenn wir negative Projektionen auf jemanden geladen haben und er doch nicht so »schlimm« ist.

Unternehmer haben Ziele und suchen für die Erreichung dieser Ziele die richtigen Mitarbeiter. Dabei können die folgenden störenden Projektionsarten auftauchen.

1. Übertragungsprojektion

Was tun wir, wenn wir einem fremden Menschen begegnen, beziehungsweise was läuft in unserem Kopf ab, ohne dass wir es merken? Wir suchen im Archiv nach Ähnlichkeiten. Zuerst checkt der innere Computer, ob es Bilder gibt, die so ähnlich aussehen wie der neue Mensch. Als Nächstes überprüft er, ob in der Datenbank Stimmen vorhanden sind, die ähnlich klingen. Ist dies der Fall, projiziert der Geist die Qualitäten, die mit dieser gespeicherten Person verbunden sind, auf die neue. So kann sich ein Personalchef beim Bewerbungsgespräch an einen ehemaligen Mitarbeiter erinnern, der hervorragende Arbeit leistete, und den Bewerber einstellen, ohne wirklich in Einzelheiten zu überprüfen, ob der Bewerber über ähnliche Qualitäten verfügt. Was zu einem bösen Erwachen führen kann.

Auch im Gespräch mit Mitarbeitern, Kunden, im Grunde genommen stets und immer, ist sich ein kluger Unternehmer bewusst, dass es in seinem Kopf eine starke Affinität zu bereits katalogisierten Ereignissen und Menschen gibt. Gewiss, es ist bequem, dieser Anziehungskraft zu folgen. Klüger ist es, sich der Macht der Übertragungsprojektion bewusst zu sein und den ersten Impuls, Ja oder Nein zu einem Menschen, einer Situation, zu überprüfen.

Ausschalten können wir Projektionen nicht. So funktioniert der Geist nun mal. Kaum kommt ein Reiz von außen, wird im Inneren nach Ähnlichkeiten gesucht, und die gefundenen Ähnlichkeiten werden darauf projiziert. Der ist fleißig, die ist zielstrebig, der kann sich in eine Sache reinbeißen et cetera. Man ist sich so sicher, dass man diese aufpoppenden Gefühle und Qualitäten nicht mehr hinterfragt, denn es hat im Inneren ein grünes Licht gegeben. Doch das grüne Licht betrifft nicht die Qualitäten, sondern lediglich die Ähnlichkeit. Das ist der Denkfehler, der ein Unternehmen sehr teuer zu stehen kommen kann.

Aus buddhistischer Sicht ist es enorm wichtig zu verstehen, dass alles eine Illusion ist. Was wiederum zu einem Paradigmenwechsel führt, denn außerhalb des buddhistischen Kontextes erscheint die Welt so, als wäre das, was man sieht und hört, wahr. Ein buddhistisch orientierter Unternehmer blickt hinter die Kulissen. Er hinterfragt sich selbst kritisch und verliert sich nicht in Fixierungen, wie man denkt, dass jemand wäre, weil man weiß, dass man sich täuschen könnte.

Gerade bei mittelständischen Unternehmern, die oft sehr schnell reagieren und ein- und ausstellen müssen, werden durch Übertragungsprojektionen falsche Erwartungen geschürt: Sie sitzen ihren eigenen Projektionen auf. Wenn dann das Bild, das der Unternehmer sich gemacht hat, was der Mitarbeiter können müsste, nicht mit der Realität übereinstimmt, ist er enttäuscht oder wütend, weil der Mitarbeiter seine Erwartungen nicht erfüllt. Dies spürt der Mitarbeiter und reagiert seinerseits wie auf Knopfdruck. Das destruktive Drama-Dreieck wird gestartet.

Bei Einstellungsgesprächen hat es sich bewährt, wenn der Personalchef nach dem Termin notiert, was er glaubt, dass dieser vielleicht neue Mitarbeiter zu leisten imstande ist, und wie er zu dieser Überzeugung kommt. Vielleicht taucht da im Gedächtnis schon derjenige Vorgänger auf, der Pate für die Übertragungsprojektion stand. Es muss kein ehemaliger Mitarbeiter sein, er kann auch zum Freundeskreis des Personalchefs gehören. Allein die Möglichkeit der Projektion zuzulassen, wirft ein anderes

Licht auf den Bewerber und führt am Ende zu einer klaren, bewussten Entscheidung.

Das Gleiche findet natürlich im Kundengespräch statt. Es gibt keine projektionsfreie Zone! Deshalb: immer wieder besinnen und die Projektionen überprüfen! Das spart Zeit und Geld und Nerven. Denn wenn sie sich als falsch herausstellen, ist es sehr aufwendig, sich wieder auf eine gesunde Mitte einzupendeln.

Die Übertragungsprojektion findet nicht nur bei Menschen statt, sie betrifft auch unsere Stimmungen. Je nachdem, wie wir uns fühlen, so sehen wir die Welt. Sind wir gut gestimmt, projizieren wir Gutes in unser Umfeld. Sind wir schlecht gestimmt, sehen wir überall den Mangel. Das eine wie das andere entspricht nicht dem mittleren Weg des Buddhismus, in dem wir die Dinge so sehen, wie sie sind. Nicht übertrieben rosarot, aber auch nicht tiefschwarz, sondern ausgewogen.

Buddha im Business

Negative Projektionen auf unbeliebte Mitarbeiter auflösen

Wir sind keine Heiligen, sondern menschlich fühlende Wesen. Selbst wenn Sie den hohen, fast perfektionistischen Anspruch haben, alle Ihre Mitarbeiter gleich gernzuhaben – geben wir es zu: Es gibt einfach Menschen, die machen es einem sehr schwer, sie zu mögen. Natürlich weiß jeder, der sich selbst reflektieren kann, dass es auch mit uns selbst zu tun haben könnte. Drückt das unbeliebte Gegenüber auf einige emotionale unbewusste Knöpfe, sprich »Wunden«, von mir? Buddha sei Dank, wir müssen nicht gleich in die Therapiekiste steigen.

Was sich bei uns im Seminar immer sehr bewährt hat und genauso im Business funktioniert: Ich (Stephan) erinnere mich an einen besonders schwierigen Teilnehmer. Seine Reaktion zu allem war: Nein! Er verschränkte die Arme vor der Brust und mauerte. Unsere Kommunikationsstrategien, wie wir sie auch in unserem Buch *Rich-*

tig gut rüberkommen beschreiben, wirkten zwar, aber eben nur ein bisschen. So richtig gewinnen konnte ich den Teilnehmer nicht. Und ehrlich, ich war auch genervt.

Abends meditierte ich auf ihn und projizierte einen goldenen Buddha in diesen Teilnehmer hinein. Dieses Vorgehen führte schon einmal dazu, dass er in meinem inneren Geist nicht mehr als dunkles unsympathisches Monster erschien. Auch hörten meine inneren Dialoge auf, wie ich ihn noch überzeugen könnte. Mein inneres Gefühl von Enge, Schwere und Bedrücktsein löste sich auf. Aus dem veränderten inneren Zustand heraus war es am Ende der Meditation auch möglich, mir ein strahlendes Zielbild vorzustellen, wie wir uns beide nach dem zweiten Seminartag voneinander verabschieden. Dieses innere Bild des von mir erwünschten Zustands war symbolisch Buddha zu Buddha.

Am Morgen des zweiten Tages war ich motiviert und fühlte mich stark, groß und leuchtend, in dieses Seminar einzusteigen. Wie leicht es verlief, verblüffte mich. Schon die Begrüßung hatte eine andere Tonalität. Die Kluft hatte sich über Nacht aufgelöst, es gab keine Trennung mehr. War ich nun anders oder er? Eigentlich ist es egal. Hauptsache, die negativen Projektionen waren aufgelöst – zum Wohle aller!

2. Gegenübertragung

Zu den Projektionen gehört der sogenannte blinde Fleck von sich selbst. Man nimmt die eigenen Schattenseiten nicht wahr – die Weste ist rein –, projiziert sie jedoch auf andere. Denn irgendwo müssen sie ja hin. So kann zum Beispiel ein Mitarbeiter oder Kunde wie ein rotes Tuch wirken. Kaum sieht man ihn, steigt der Blutdruck, und man hat immer viele gute Erklärungen dafür, warum das so ist. Aber stimmt das?

Klug wäre es, in solchen Fällen zu prüfen, was genau diese Person in uns auslöst. Könnte es vielleicht sein, dass sie unsere eigene Schattenseite ins Licht rückt? Starke Gefühle der Ablehnung sind immer eine Einladung zur Selbstreflexion. Sie auszuschlagen heißt, das eigene innere Wachstum zu behindern. Sie anzuerkennen bedeutet eine klare Sicht auf die Dinge, vielleicht mit dem Resultat, dass der andere doch ein netter Mensch ist. Oder dass man ihm zumindest neutral begegnen kann oder vielleicht sogar die leuchtende Buddha-Natur in ihm sieht.

Neulich erzählte uns ein Unternehmer von einer interessanten Erfahrung. Er hatte nach einem Seminar bei uns neue Regeln des Miteinanders in seiner Firma erarbeitet. Als er sie den Mitarbeitern vorstellte – und die neuen Regeln waren für, nicht gegen sie –, hatte er plötzlich den Eindruck, zu einer kalten Wand der Ablehnung zu sprechen. Obwohl er inhaltlich Verbesserungen für seine Mitarbeiter vortrug, gab es einige unter ihnen, die darauf stark negativ reagierten, weil sie ungeliebte Gestalten aus ihrer Vergangenheit auf ihn projizierten. Diese auferstandenen Väter, Lehrer, Autoritätspersonen machten sie blind und taub für das Gute, das ihr Chef ihnen mitteilte. Doch er sprach nun mal Regeln aus, und viele Menschen haben Probleme mit Regeln. Für einen Leader ist diese Situation nicht einfach auszuhalten, doch als Leader muss er damit umgehen können. Wenn er mit der Funktionsweise von Projektionen vertraut ist, kann er sie besser händeln, sogar heute, wo es noch schwieriger ist, Regeln aufzustellen. Wer das wagt, wird mancherorts nicht nur als autoritär bezeichnet, sondern durchaus auch in die rechte Ecke gestellt. Auch das muss man dann aushalten können.

Hilfreich ist es, die Regeln zu erklären, damit das Erwachsenen-Ich der Mitarbeiter darauf reagiert, nicht ihr Kind-Ich. Auch der Tonfall ist wichtig. Man sollte nicht herablassend sprechen, sondern warmherzig wie ein weiser Buddha. Ausführlich sollten die Gründe dargelegt werden, die zu den Regeln geführt haben – ohne sich dabei zu rechtfertigen oder zu entschuldigen. Im Mittelpunkt steht der buddhistische Grundsatz, dass die Regeln zum Wohle aller sind. So kann man es vermeiden, dass zu viele negative Projektionen aufgebaut werden. Ganz verschwinden werden sie nie, aber ein erfahrener Leader weiß damit umzugehen. Und wenn er selbst mit der Kraft des Buddha gut aufgeladen ist, fällt es ihm nicht schwer. Zumal er ja mit der Situation vertraut sein wird, dass seine Mitarbeiter, vor allem die jüngeren, ihre Eltern auf ihn projizieren – inklusive aller Gefühle, die sie zu ihren Eltern haben und hatten. Das kann sehr unangenehm sein, man kann es aber auch nutzen zum Wohle der Mitarbeiter und der Firma.

Exit-Strategie für Projektionen

Die Exit-Strategie, um negative Projektionen zu vermeiden, besteht in einer bewussten Kommunikation. Wir nehmen wahr, wie wir uns anderen gegenüber verhalten. Missverständnisse basieren auf Asymmetrie. Im Unbewussten spiegeln wir unser Gegenüber. Wenn wir keine negativen Projektionen auf jemanden haben, ist alles symmetrisch, und wo Symmetrie herrscht im Tempo, in der Stimme, in der Mimik, schwingt Empathie. Der andere erlebt sich in uns. Unsicherheit, Ängste, negative Gefühle verschwinden: Ähnlichkeiten führen zu Vertrauen. Das ist das Grundprinzip des Spiegelns, und das haben viele Menschen leider nicht verstanden. Sie glauben, es handle sich dabei um eine Manipulation im Sinne von: »Ich gebe etwas vor, was nicht ist; ich tu so, als ob«.

In unserer buddhistischen Sicht ist Spiegeln eine Form der Empathie. Deshalb sind empathische Menschen auch sehr gute Spiegler, denn sie beherrschen bewusst oder unbewusst die Palette der Anpassung, sie spiegeln die Stimme, laut oder leise, die Körperhaltung, ja sogar den Atemrhythmus ihres Gegenübers.

Das Wissen über die Wirkweise des Spiegelns reicht nicht aus, um es »einzusetzen«. Wo immer es eingesetzt werden soll, führt das Ego Regie. Dem Ego fällt es allerdings sehr schwer, aus dem Ich auszusteigen, was ja die Voraussetzung ist, um gut zu spiegeln. Wir steigen aus uns aus und in den anderen hinein. Das tun wir nicht, um ihn zu manipulieren, sondern zu seinem Wohl, damit er sich in dieser Kommunikation entspannen kann, damit es ihm gut geht. Das gelingt nur, wenn wir den anderen Menschen sehr genau wahrnehmen. Wie verhält er sich, was behagt ihm, wer sitzt da überhaupt vor mir?

Und schon verläuft die Kommunikation ganz anders. Denn durch die eigene Bereitschaft, auch nur für einen kurzen Moment den anderen zu spiegeln, erlebt er sich in uns selbst und kann mögliche negative Projektionen auflösen.

Manchmal erscheint es wie Zauberei, wenn Menschen, die sehr gut spiegeln können, innerhalb von wenigen Sekunden eine gute Stimmung schaffen. In solch einer warmen Atmosphäre des Vertrauens können auch Konflikte angesprochen werden, denn die Basis stimmt. Diese Basis ist die Voraussetzung für jedes konstruktive und zielführende Gespräch, denn sie bildet den fruchtbaren Boden. Wer nicht spiegelt, versiegelt den Boden. Wie soll dort etwas keimen und wachsen? Der unternehmerische Erfolg wird auch gesät in vielen Mitarbeiter- und Kundengesprächen; und wenn wir spiegeln, statt negative Projektionen auszulösen, werden wir reich ernten.

Buddha im Business

Lösungsorientierte Konfliktgespräche mit buddhistischer Weisheit

Wir begleiteten Paulas Karriere schon lange und freuten uns mit ihr über ihre stetige Entwicklung, die schließlich in eine Anstellung als personelle Beraterin und Coach eines Unternehmens mit über zehntausend Mitarbeitern mündete. Wenige Wochen nach ihrem Neustart in der Firma stand Paula vor einer großen Herausforderung. Ein Vorstandsmitglied erteilte ihr den Auftrag, die Finanzabteilung zu überprüfen, weil dort innerhalb von fünf Monaten fünf Mitarbeiter gekündigt hatten. Woran lag es?

Paula interviewte sechzehn Mitarbeiter, und es kristallisierte sich heraus, dass die Kündigungen auf das Verhalten des Chefs der Abteilung zurückzuführen waren. Die Mitarbeiter beschrieben ihn als cholerisch, angsteinflößend, unberechenbar, launisch und laut. Ferner erfuhr Paula, dass die Abteilung sich derzeit in einer Phase der Veränderung befand, viele Abläufe wurden neu strukturiert, es gab starken Druck. Vor dem Gespräch mit dem unbeliebten Chef rief Paula uns an, um ihr Vorgehen zu besprechen. Es war ihr klar, dass sie sich von der Meinung der Mitarbeiter nicht beeinflussen lassen durfte, auch wenn sie wenig Gutes über ihren Vorgesetzten gehört hatte. Paula wollte einen klaren Kopf und ein offenes Herz.

Seitdem Paula die Gespräche mit den sechzehn Mitarbeitern der Finanzabteilung führte, meditierte sie auf deren unbeliebten Vorgesetzten, und zwar mit der Metta-Meditation: Mögest du in deinem Herzen wohnen, mögest du sicher und geborgen sein, mögest du Heilung und Frieden finden, mögest du glücklich sein.

Außerdem praktizierte sie die Wim-Hof-Atmung, damit sie klar und zentriert blieb. Und sie baute sich ein Zielbild, wie sie das Gespräch mit dem schwierigen Vorgesetzten beenden würde: innerlich zufrieden, befreit und mit einem guten, warmen Gefühl, auf die richtige Weise agiert zu haben. In ihrem Zielbild sah Paula auch den Chef vor sich, der entspannt und zufrieden wirkte, mit einem Leuchten in den Augen. Um dieses Ziel zu erreichen, würde Paula, so erzählte sie es uns vor diesem Termin am Telefon, alle Buddhas in den

Raum rufen, mit denen sie sich während ihrer Meditationen immer wieder atmend aufgefüllt hatte, um einen inneren Zustand der Klarheit, der Gelassenheit, der Zuversicht zu erlangen.

In unserem Telefonat gingen wir einige Strategien durch, die sie anwenden wollte. Außerdem vereinbarten wir, dass wir während ihres Gesprächs auf sie rezitieren würden. Dazu schrieben wir ihren Namen und ihr Geburtsdatum auf ein Blatt Papier sowie die Qualitäten, die für sie wichtig waren in dieser Situation: Weisheit und Freude. Während Paulas Meeting rezitierten wir eine halbe Stunde auf sie mit der *Zuflucht zu Buddha:* NAMO TASSA BHAGAVATO ARAHATO SAMMA SAMBUDDHASSA.

Zwei Stunden nach dem Meeting erhielten wir einen Anruf von einer überglücklichen Paula. Sie konnte es selbst kaum fassen, wie »leicht« das Problemgespräch verlaufen war: »Als ich nach guter Vorbereitung den Raum betrat, kam es mir so vor, als wäre ich erfüllt von Buddha, so groß war mein Energiefeld. Als Paula war ich gar nicht mehr vorhanden. Ich fühlte mich stark und leuchtend. Hinter meinem Gesprächspartner stand Buddha Manjushri, der Buddha der Weisheit. Schon bei unserer formellen Begrüßung strömte die Wärme meines Herzens, und ich spürte, dass ich den Chef der Abteilung erreichen konnte. Trotz des schwierigen Themas waren wir sofort im Flow. Die Atmosphäre war entspannt, ich fand die richtigen Worte und konnte Brücken bauen. Irgendwann einmal sah ich in meinem Geist, wie alle Buddhas am Tisch Platz nahmen. Im Gespräch konnte ich schließlich Rückschlüsse ziehen, weshalb der Vorgesetzte sich wie verhielt. Am Ende geschah sogar ein kleines Wunder. Man hatte mir gesagt, dass dieser Vorgesetzte beratungsresistent sei. Doch als ich ihm ein Coaching anbot, um seine Kommunikationsfähigkeiten zu verbessern, nahm er das gern an.«

Die Sekretärin des Dalai-Lama

Projektion funktioniert auch im Licht, wie wir es vor einiger Zeit selbst erlebten.

Für unsere Führungskräfte-Akademie suchten wir eine neue Sekretärin. Wir hatten schon einige Bewerberinnen getroffen, als sich eine Dame vorstellte, die uns erzählte, dass ihre Schwester für einen Hotelkonzern arbeite und dort die VIPs betreue, unter anderem den Dalai-Lama. Sofort erhellte Seine Heiligkeit der Dalai-Lama unser Büro. Wir waren geradezu beflügelt, kaum einen Handschlag vom Dalai-Lama entfernt. Ohne die Bewerberin weiter zu befragen, wie wir es bei ihren Vorgängerinnen gehalten hatten, stellten wir sie ein. Wir hatten die Fähigkeiten des Dalai-Lama in sie hineinprojiziert. Die Ernüchterung traf uns stehenden Fußes, und wir bezahlten sehr viel Lehrgeld für diese Projektion, da unserer neuen Sekretärin eine verhängnisvolle Terminverwechslung unterlief. Die wir jedoch uns selbst auf die Rechnung schrieben. Wie heißt das Sprichwort: Sich in einem berühmten Namen sonnen …?

Im Seminar haben wir sehr oft mit Projektionen zu tun – meistens mit vielen verschiedenen unserer Teilnehmer. Einmal erlebten wir beziehungsweise Stephan jedoch eine Kollektivprojektion:

Ich hielt ein NLP-Seminar für die dreißig Inhouse-Trainer eines Frankfurter DAX-Unternehmens. Ich begann mein Seminar wie immer und mit den Inhalten, die der Cheftrainer der Firma gebucht hatte. Schon in den ersten Minuten spürte ich, wie sich eine Mauer im Publikum bildete. Es wurde immer schwerer, enger, dunkler im Raum. Fachlich konnte ich mir diese Abwehr nicht erklären. Ich wusste, dass ich wirklich neue Zusammenhänge schilderte, die andernorts für große Zustimmung gesorgt hätten. Doch hier war alles anders. Sogar meine unterhaltsamen

Einwürfe prallten ab. Es war offensichtlich, dass mich die Leute nicht mochten. Aber warum?

Ich blieb neutral, reagierte nicht auf die Wand der Ablehnung, denn ich wusste, dass es sich nur um eine Projektion handeln konnte. Das Schlimmste, was ich tun könnte, wäre es, in Resonanz zu gehen, mich triggern zu lassen. Aber schön war das Ganze nicht. Ich suchte verstärkt Zuflucht in meiner Buddha-Natur, um in einem guten Feld zu bleiben, das ich auch für die Teilnehmer öffnete. Und ich war neugierig ... was lief hier falsch?

In der Pause fragte ich den Cheftrainer, was mit seiner Gruppe los sei, und erfuhr, dass vor drei Monaten ein anderer externer NLP-Trainer gebucht worden war, ein überheblicher Selbstdarsteller, dem ich äußerlich ein wenig ähnelte, gleiche Größe und Statur, blond. Und er stammte wie ich aus Norddeutschland, was man hörte. Das Seminar sei ein Fiasko gewesen, es endete mit einem vorzeitigen Abbruch.

Ich bedankte mich beim Cheftrainer für seine Offenheit und sprach die Sache nach der Pause an. »Könnte es sein, dass die Luft in diesem Raum zum Schneiden ist, weil ihr in eurem Inneren den Trainer von neulich aktiviert habt und mich mit ihm verwechselt? Dass ihr eure negativen Gefühle von damals auf das Heute, sprich mich, übertragt?«

Nachdem den Teilnehmern die Projektion bewusst geworden war, löste sich der kollektive Ärger auf, und wir hatten eine intensive und gute Zeit miteinander. Wäre ich durch den mir entgegengebrachten Ärger selbst verärgert gewesen – »Ich gebe mein Bestes, ich tu genau das, wofür ich gebucht bin, wie behandeln mich die überhaupt ...?« –, hätte das Seminar im gleichen Fiasko geendet wie das mit meinem Vorgänger. Die Gruppe wäre im alten Feld des Ärgers festgesteckt und hätte ein Vorurteil betoniert.

Durch meine Klarheit und Neutralität in der Buddha-Natur konnte ich ein anderes Feld erzeugen, und das ist so stark, dass ich mich keine Sekunde beirren ließ. Vor allem nicht in meinen positiven Gefühlen für die Teilnehmer, die ich in ihrer Buddha-Natur alle liebte.

So ist es immer, wenn wir arbeiten: Es entfaltet sich eine tiefe Liebe für unsere Teilnehmer, egal, wer sie sind, was sie sagen, was sie tun. Sobald sie in unserem Buddha-Feld sind, das wir kreieren, bevor ein Seminar beginnt, sind wir auf einer höheren Ebene verbunden.

Mit Training und spiritueller Praxis können auch Sie ein Buddha-Feld kreieren. Und vielleicht haben Sie es auch schon einmal geschmeckt, als Kind, wenn Sie krank waren und Ihre Mutter Ihnen eine Kraftbrühe kochte: Hühnersuppe für die Seele. Vielleicht im Blick eines Menschen, den Sie lieben und der Sie liebt. Vielleicht im Vorübergehen eine Geste – es ist die Liebe, und in unserer Buddha-Natur fließt sie unerschöpflich. Deshalb können wir uns mit jedem Menschen verbinden, wir müssen ihn nicht kennen. Auf der höheren Ebene ist Verbindung von allen mit allen und allem möglich. Indem wir uns den Buddha vorstellen in einer anderen Person, verschwinden alle unsere Projektionen, unsere Ressentiments, unsere Vorurteile. Wir sind entspannt. Wir fühlen uns leicht und frei. Wir finden einen Zugang zu diesem Menschen und genau die richtigen Worte, um diesen Menschen im Innersten zu erreichen. Als Trainer ist das für uns auch eine große Entlastung und schützt uns vor einer Aufblähung des Egos. Nicht Cornelia oder Stephan unterstützen einen Teilnehmer, sondern die höhere Ebene.

Die auch uns trägt, was wir besonders zu Beginn unseres Buddha-Coachings merkten, als wir unsere Seminarteilnehmer noch genau beobachteten: Wie würden sie auf unsere ungewöhnlichen Tipps reagieren? Sahen wir ein Stirnrunzeln in Reihe zwei, hob sich eine Augenbraue in Reihe drei? Saß ein Mister Wichtig in Reihe fünf, der ständig alles besser wusste? Da galt es, doppelt und dreifach gut zu sein, um diese Kritiker zu überzeugen. Nein, auf einmal mussten wir gar nichts mehr. Wir brauchten nur noch das Vertrauen in die Buddha-Natur, und dann geschah alles Gute wie von selbst.

Buddha im Business

Weise Entscheidungen treffen mit Buddha

Im Leben sind wir als Leader und Führungskräfte immer wieder herausgefordert, richtige Entscheidungen zu treffen. Doch welche ist die richtige? Das Leben ist leidvoll und somit auch die Qual der Entscheidungen. Ein junger Unternehmer, der bei uns bereits die Leadership- und die Master-Ausbildung gemacht hatte, traf viele weise Finanzentscheidungen, indem er sich in der Phase des Zweifelns und Hinterfragens tagtäglich in seiner Meditation als zukünftigen leuchtenden Buddha sah, der die richtigen Entscheidungen traf, auch wenn er am Morgen noch nicht wusste, welche Entscheidungen denn die richtigen sein würden. Er erklärte begeistert, dass er dann in einem ruhigeren Zustand den Tag erlebte und mit einem weitsichtigen klaren Geist das Dafür und das Wider eruieren konnte. Sich ein klares inneres Bild von der besten zukünftigen Version seiner selbst vorzustellen, die eine weise Entscheidung zum Wohle aller Beteiligten getroffen hat, ist also eine weise Vorgehensweise: den Geist in die richtige Richtung zu lenken, damit er fähig ist, alles von unterschiedlichen Gesichtspunkten zu betrachten, um dann in der angemessenen Zeit die weise Entscheidung zu treffen.

So auch, wenn es darum geht, ob ich in dem Job bleiben soll oder nicht. Oder soll ich in der Beziehung bleiben oder nicht? Eine Buddha-Natur bleibt nicht, wenn es nicht mehr zum Wohle aller ist. Wenn Zeit zu gehen ist, geht sie. Sie hat den Mut, das Bedauern darüber auszudrücken, ohne dass sie irgendjemanden anklagt, und sucht nach möglichen neuen Lösungen.

Sollten der Spagat und der Konflikt immer größer werden, kann das Leid des Buddha-Leaders allerdings unerträglich sein, dann stellt sich die Frage: »Bin ich hier noch richtig, oder verkümmert der Zugang zu meiner Buddha-Natur, wenn ich weiter hierbleibe?«

Die heikle Gratwanderung ist dabei, wie ich aus der Nummer rausgehe. Weil ich Angst habe zu versagen oder ich mich in einem Opfermodus verloren habe. Nach dem Motto: »Das hat sowieso keinen Sinn, das ist alles so schlimm.« Oder kann ich sagen: »Ich bin an dem Punkt, wo ich enorm gewachsen bin an diesen Schwierigkeiten, an diesen Herausforderungen; ich bin derart gewachsen, dass jetzt hier der Raum des Geschäfts zu klein für mich geworden ist und ich die Entscheidung getroffen habe: Ich will mich verändern – nicht aus Angst vor dem, was hier ist, sondern aus eigenem Wunsch, und ich bin jetzt bereit für eine nächste neue Ebene.«?

Hier ist die Frage: »Wann gebe ich auf? Nur weil es schwierig ist?« *Life is difficult.* Oder läuft man gegen Mauern? Solche Situationen hatten wir auch manchmal, und dann provozierten wir durchaus eine Trennung.

Es ist ein ständiges Abwägen: Was gibt es hier noch zu lernen für mich? Laufe ich vor vielleicht unangenehmen Lernerfahrungen weg, wenn ich kündige? Oder laufe ich weg, wenn ich bleibe?

Das Kriterium ist, dass man erhobenen Hauptes würdevoll in ein Neues gehen kann. Das eigene Frequenzfeld bestimmt darüber, wo man landet. Das Schlimmste wäre es, sich aus einer Opferrolle heraus zu verabschieden. Dann hat man innerlich und äußerlich die Chance einer Lernerfahrung verspielt.

Seinen Geist auf so eine höhere Frequenz zu bringen, dass wir uns trauen, uns das Unvorstellbare vorzustellen, das ist der Ausbruch aus der Enge der Box der Persönlichkeit, die ohne Verbindung zur Buddha-Natur schnell in einer Sackgasse landet. Je mehr der Leader und alle Betroffenen sich trauen, sich mit der Buddha-Natur zu verbinden, desto möglicher wird das Unvorstellbare, so können ganz neue Lösungen entstehen, die man vorher nicht auf dem Schirm hatte. Deshalb sollte man sich immer das zukünftige Selbst in der besten Version als leuchtenden Buddha vorstellen, der die weise und richtige Entscheidung getroffen hat.

Die zehn Welten: Sich selbst und die Welt besser verstehen durch buddhistische Prinzipien

Als Leader beeinflusst Ihr innerer Zustand das ganze Team. Sie können also nicht nicht beeinflussen (genauso, wie Sie nicht nicht kommunizieren können [Watzlawick]). In dem Moment, da Sie morgens in die Firma kommen, hat Ihre Präsenz eine Wirkung – im Positiven wie im Negativen. Die zehn Welten des Bewusstseins (auf die wir noch zu sprechen kommen) werden Sie unterstützen, sich auf eine neue Art und Weise wahrzunehmen, ohne sich selbst zu verurteilen oder zu kritisieren. Denn sich selbst wahrzunehmen ist nicht so einfach. Meistens schwanken wir zwischen selbstkritischen Urteilen von Richtig oder Falsch. Sprich: Wir vergleichen uns unbewusst mit einer inneren Vorstellung von uns selbst. Wenn wir diesem inneren Selbstbild ähnlich sind, dann ist die Welt in Ordnung. Wenn nicht, finden wir alles nervig, auch uns selbst. Dies wiederum führt in einen schlechten inneren Zustand, der das gesamte Team über den ganzen Tag, manchmal auch über Tage, über Wochen hinweg oder auch immer, negativ beeinflussen kann.

Warum ist dieses Modell für Leader so wichtig? Mit diesen zehn Welten des Bewusstseins werden Sie sich selbst besser wahrnehmen, auch diejenigen unter Ihnen, die lieber nicht hinschauen wollen, weil sie befürchten, unter der Maske des »Ich bin großartig und fantastisch« nur Furchtbares zu entdecken. Sie erleben sich nicht mehr als eine feste Identität »Ich bin halt so«, sondern als fluides Wesen. Dadurch wächst in Ihnen eine immense Flexibilität, weiser mit sich selbst und anderen umzugehen. Sie können sich selbst leichter immer wieder neu erfinden, denn es geht lediglich darum, das Bewusstsein zu leiten und zu steuern. Sie fühlen sich selbst nicht mehr hilflos Ihren Schattenseiten ausgeliefert. Sie können sich mit mehr Leichtigkeit und Heiterkeit reflektieren und erleben sich durch dieses neue Bewusstsein als weniger ängstlich oder gar stur. Somit macht das Wissen um diese zehn Welten des Bewusstseins Sie zu einem reiferen Buddha-Chef.

Die zehn Welten stammen aus dem japanischen Nichiren-Buddhismus. Inspiriert hat uns dazu Tina Turner in ihrem fantastischen Buch *Happiness*. Die zehn Welten sind ein buddhistisches Prinzip, das zehn verschiedene Seinszustände beschreibt, vom unangenehmsten inneren Zustand – »Heute fühle ich mich echt höllisch schlecht« – bis zum höchsten Zustand des Buddha in mir – »Ich bin glückselig«. Alle zehn Zustände sind fluide und von Moment zu Moment in uns erfahrbar und erlebbar. Je bewusster, desto höher die Lebensqualität, könnte man vielleicht sagen. Vor allem ist die gute Nachricht, insbesondere für die Pessimisten, dass auch der höchste Seinszustand, die Buddhaschaft, potenziell in jedem Menschen, in jedem Moment des Lebens in jedem von uns erlebbar ist. Buddhaschaft ist somit kein Zustand außerhalb unseres Alltags oder unseres Daseins. Wir können unsere Buddhaschaft jederzeit und an jedem Ort erfahren.

Die zehn Welten des Bewusstseins bestehen aus:

1. Hölle – das heißt Schmerz und Leid.
2. Hunger – es ist nie genug.
3. Animalität – *basic instinct.*
4. Ärger.
5. Ruhe – heute chillen.
6. Himmel – möge es nie aufhören.
7. Lernen – sich entwickeln.
8. Erkenntnisse – es öffnet sich was in uns.
9. Bodhisattwa – das Leben hat einen Sinn.
10. Buddhaschaft – Erleuchtung.

Bevor wir nun weitergehen, ein Beispiel, wie wir alle täglich durch diese Welten der Seinszustände wandeln, egal, wie spirituell oder nicht, egal, wie erfolgreich oder nicht – unser Bewusstsein wandelt durch all diese Welten!

Charlotte, Inhaberin einer erfolgreichen PR-Agentur, erwacht morgens um sieben Uhr mit einem schrecklichen Kater. Sie krächzt und stöhnt, diese Mischung Gin Tonic mit dem Chardonnay war fatal. Es ist die *Hölle*. Nach einer kalten Dusche und viel Make-up geht es besser (Hunger und Animalität). Sie schwört sich: einen Monat ohne Alkohol! Sie will nun top sein, denn heute will sie den größten Auftrag ihres Lebens an Land ziehen. Sie will allen zeigen, dass sie die beste und erfolgreichste PR-Agentur in der Stadt hat. Ihr Ehrgeiz kennt keine Grenzen.

Als dann kurz vor der Einfahrt ins Parkhaus ihrer Agentur ein mickriger 5er-BMW ihren blauen Porsche fast rammt, flucht sie vor Wut und *Ärger*. Für einen Moment will sie anhalten und dem Typen am liebsten eine runterhauen. Ihr Körper bebt noch immer, als sie im Aufzug zu ihrer Agentur hochfährt. Als sie ihr großräumiges schallgedämpftes Büro betritt, alles weiß möbliert, schließt sie die Tür, setzt sich in ihren exklusiven Lounge Chair Palisander, macht die Augen zu und atmet tief durch, bis sie wieder ganz in ihrer *Ruhe* ist.

Ihr Mobiltelefon klingelt: »Sie haben gewonnen, Sie sind die Agentur des Jahres.« *Himmlisch!* Sie jauchzt vor Freude. »Wir haben es geschafft.« Im Meeting mit den führenden Mitarbeitern ihrer Agentur am Nachmittag *lernt* Charlotte, dass ein vermeintliches Kommunikationsproblem sich nun ganz anders darstellt, und sie lernt, eine neue Sichtweise auf die Problematik einzunehmen. Ihre *Erkenntnis* daraus löst in ihr den Knoten in ihrem Hals, und sie kann dadurch von einer anderen Ebene aus mit ihrem Team umgehen. Innerlich gewärmt und genährt durch ihre kontinuierliche Praxis, zu meditieren und zu rezitieren *(Bodhisattwa)*, spürt sie das helle *Leuchten des Buddha* in sich. Sie spürt die Verbindung, die sie zu jedem Mitarbeiter in ihrer Agentur hat. Sie sieht in jedem das Potenzial, wohin er sich entfalten kann, und ruft alle spontan zusammen und findet heitere und warme Worte der Wertschätzung, des Respekts und der Würdigung für jeden im Team. Das Leben hat wieder Sinn für sie.

Wie Charlotte bewegen wir uns tagtäglich hin und her in diesen Welten. Somit können wir uns von einem engen Schwarz-Weiß-Denken verabschieden und stattdessen einen sehr wachen und bewussten Geist kultivieren, der zwischendurch immer wieder wahrnimmt, in welcher Welt des Bewusstseins er sich gerade befindet.

Der leichteren Vorstellbarkeit halber übersetzen wir die zehn Welten in zehn Räume eines Hauses, Ihres Hauses. Jeder dieser Räume hat schöne Seiten und nicht so schöne Seiten.

Wir Menschen sind fluide Wesen, und unser Bewusstsein gleitet einmal hierhin, einmal dorthin. Wir schwingen wie auch unser Körper in unserem Atemrhythmus, alles schwingt, und alles ist Energie. Wo auch immer wir sind, was auch immer wir tun, wir befinden uns dabei in einer der zehn Welten, sprich Räume: unsere emotionalen und geistigen Zustände, durch die wir uns jeden Tag hindurchbewegen. Manche Menschen wechseln die Räume oft, andere selten. In buddhistischer Tradition beschreiben diese zehn Räume die Wahrheit des Lebens. Es ist so, wie es ist. Alle zehn können sich in jedem Augenblick des Lebens zeigen und enthalten sich gegenseitig.

Eine reife und weise buddhistische Führungskraft ist sich bewusst, dass sie selbst sich wie auch alle anderen ständig in den zehn Räumen bewegt. Je mehr unser Bewusstsein dafür wach ist, umso mehr können wir auch wahrnehmen, welches die bevorzugten Räume des Bewusstseins der Kunden und der Mitarbeiter sind.

Natürlich wissen wir nicht immer genau, in welchen Räumen des Bewusstseins andere Menschen sich aufhalten. Doch als buddhistische Leader können wir nicht nur uns selbst vom Keller ins Erdgeschoss und oberste Stockwerk führen, sondern auch unsere Mitarbeiter und Kunden.

Sie kennen das alle. Kurz vor der Besprechung fühlen Sie sich großartig und können es kaum erwarten, Ihren Kollegen und dem großen Vorsitzenden Ihre neue Idee für beispielsweise weniger Reklamationen im Kundendienst zu präsentieren. Da ergreift Müller das Wort, den Sie ohnehin nicht ausstehen können, und ... Sie trauen Ihren Ohren kaum: Er hat Ihnen Ihre Idee geklaut! Und schwupps bricht Ihr Höhenflug ab, und Sie landen im Keller. Dort müssen Sie aber nicht bleiben! Indem Sie Ihr Bewusstsein darüber schulen, dass alle zehn Räume Ihnen jederzeit zur Verfügung stehen, können Sie aktiv von einem Zustand in einen anderen wechseln.

Wenn durch die eigene Achtsamkeit das Bewusstsein geweckt ist, können wir uns aus dem Kellergeschoss schneller nach oben bewegen, weil uns dann erst mal klar wird, dass wir uns gerade im Dunkeln aufhalten. Fehlt die geistige Schulung, kann es tatsächlich sein, dass man sich tage-, wochen-, jahrelang im Kellergeschoss aufhält. Was fatal ist, da die Tür ja offen steht. Nehmen wir sie wahr?

Wer kennt sie nicht, diese Menschen, die sich in ihre Ärgerwelt geradezu hineingebohrt haben? Auch wenn man ihnen zeigt, wie sie herauskommen, krallen sie sich an ihrem Ärger fest. Erinnern Sie sich an die Quantenfelder. Wenn man im Raum des Ärgers und der Wut festsitzt und sich nicht bewegt, ist das Energiefeld dieser Frequenz so stark, dass es weitere solche Situationen manifestiert – Tag für Tag, Jahr für Jahr –, die den Ärger verstärken. Mit diesem Wissen ist es daher noch verständlicher, weshalb man sich zwischen den Räumen hin und her bewegen und vor allem nicht in den unteren Geschossen und Kellerabteilen verharren sollte.

Stellen Sie sich nun Ihr Haus vor. Es ist unterteilt in die niederen, mittleren und höheren Räume. Da jeder Raum, wenn man sich darin aufhält, wie der einzige erscheint, kann man tatsächlich von Welten sprechen – und sagen wir das nicht sogar manchmal: »Er lebt in einer anderen Welt«?

Jeder von uns ist verantwortlich für sich und dafür, wo er sich aufhält. Idealerweise nicht nur im Keller, doch der Keller gehört dazu. Wir stellen fest, dass viele Menschen heute im Himmel leben wollen. Von allem das Meiste, das Schönste und immer in der ersten Reihe, ganz vorn, ganz oben, so viel Licht wie möglich. Doch immer Himmel, immer oben gibt es nicht. Das Leben kann auch ganz schön anstrengend sein, und das darf es. Die zehn Räume haben zwar ein Unten und ein Oben, und natürlich ist es oben schöner – aber das Unten gehört dazu. Es geht darum, alles zu akzeptieren, und zwar genau so, wie es ist. Aber dabei wahrzunehmen, in welchem Raum wir uns aufhalten. Dass wir also keine Opfer sind, wenn wir im Keller bleiben, sondern dass wir durch die Kellertür über die Treppe nach oben gehen können. Niemand hat uns eingesperrt, außer wir selbst. Die Türen sind immer offen, und jeder Mensch »bespielt« diese zehn Räume … Wo halten Sie sich meistens auf?

Das Haus mit den zehn Räumen

Stellen Sie sich Ihr Haus mit Ihren zehn Räumen vor. Sparen Sie an nichts, während Sie die Fassade vor Ihrem inneren Auge aufbauen. Stuck und Schnickschnack, wie es Ihnen gefällt. Bungalow oder alte Villa, mitten in einem Garten oder auf einem belebten Platz in der Stadt. Das ist Ihr Haus, Ihre Welt. Da wohnen Sie. Dort spielt sich Ihr Leben ab. Ihr Bewusstsein wandert von einem Raum zum anderen. Und diese Räume schauen wir uns jetzt einmal an. Treten Sie ein!

1. Die Hölle

Wir beginnen bei den Räumen im Keller und mit dem Schlimmsten dort, der Hölle. Damit sind keine christlichen Vorstellungen gemeint mit Teufeln und Fegefeuer, sondern Ihre eigene innere Hölle. Sie besteht aus unangenehmen Bildern, Gefühlen, inneren Dialogen, falschen Überzeugungen, Anhaftungen, Ablenkung und Unwissenheit.

Hindernd: Hoffnungslosigkeit, überzogenes Selbstmitleid, Unfähigkeit, sich selbst zu beobachten, zu analysieren, und totale Unfähigkeit, andere richtig einzuschätzen. Auch selbstzerstörerisches Handeln mit Drogen aller Art: Alkohol, Überessen ... alles, was betäubt.

Fördernd: Wenn ich ganz unten bin, kann sich das Tor zu einem neuen Leben öffnen. In der Krise entspringt die Chance zum Wandel. Wenn ich meine eigene Hölle durchlebt habe, kann das den Wunsch entfachen, andere dabei zu unterstützen, den Weg aus ihrer Hölle zu finden.

Sie haben sich in Ihrer persönlichen Hölle umgeschaut? Gut so. Wir sind hier auf Besichtigungstour. Verlassen Sie die Hölle. Gehen Sie zur Tür, öffnen Sie die Tür, treten Sie auf den Kellerflur, schließen Sie die Tür der Hölle und wenden Sie sich der nächsten Tür zu, die Sie nun öffnen und eintreten in den Raum des Hungers.

2. Der Raum des Hungers

Damit ist nicht der physische, gesunde Hunger nach einem leckeren frisch duftenden Brot gemeint, sondern der Hunger nach Geld, Macht, Sexualität, übermäßigem Essen, danach, andere zu erniedrigen oder zu bestrafen. Der Hunger nach Rechthaberei und Gewinnen, Objekten und Triumphen, Ruhm und Anerkennung.

Hindernd: Jemand, der vom Hunger getrieben ist, kann nicht aufhören, ist unersättlich bedürftig, ein tiefes Loch, nimmersatt – immer neue Geschäfte, Häuser und Autos. Neue weibliche und männliche Eroberungen, selbst die halbe Flasche Wein kann man nicht stehen lassen. Am schlimmsten ist der Hunger nach Kontrolle über andere oder gar die ganze Welt.

Fördernd: Ohne den Hunger nach etwas können wir keine Ziele erreichen, er ist der Antrieb hin zu dem, was wir wollen. Eine tiefe Sehnsucht, etwas zu erreichen und auch zu besitzen – Objekte, Partner oder Macht.

Sie verlassen nun auch diesen zweiten Kellerraum und gehen die Treppen hinauf zum Erdgeschoss und betreten den nächsten Raum.

3. Der Raum der Animalität

Hier geht es um die tiefsten Instinkte. Es geht ums Überleben und Leben. Es geht um die Triebe und ihre Kräfte. Um das Fördernde und Bestärkende der männlichen Kraft und das Fördernde der nährenden weiblichen Kraft. Es geht um die sexuellen Triebe im positiven Sinne.

Hindernd: Die Impulse des Animalischen können viel Schaden auf allen Ebenen des Lebens anrichten, vor allem was kriminelle Energie hergeben kann. In der bürgerlichen Welt äußern sie sich zum Beispiel in Pädophilie und bösartigen Machenschaften. So mancher Politiker und Promi ist daran gescheitert oder fast gescheitert. Wir erinnern uns alle an den ehemaligen Präsidenten der Vereinigten Staaten Bill Clinton und seine Praktikantin Monica Lewinsky.

Fördernd: In schwierigen Situationen können einem diese Instinkte helfen durchzukommen. In den Slums von Indien traf ich mal einen jungen Mann, der einen florierenden Marihuana-Handel aufgezogen hatte, zum Wohle seiner vielköpfigen Familie. Ohne sein »Geschäft« hätte sie nicht überleben können.

Wir verlassen jetzt auch diesen Raum im Erdgeschoss und begeben uns weiter den Flur entlang und öffnen die nächste Tür.

4. Der Raum des Ärgers

Ärger entsteht dadurch, dass man etwas sieht, was den eigenen Vorstellungen nicht entspricht. Ärger ist egoistische Selbstgerechtigkeit. Ärger bedeutet, auf andere herabzuschauen und zu urteilen, Konflikte zu schüren, schlechte Stimmung zu verbreiten. Ärger entsteht auch, wenn man die Kontrolle über andere Menschen oder Dinge verliert oder es nicht so läuft, wie man geplant oder erwartet hat. Das entfacht ein Feuer, den Ärger.

Hindernd: Wütend-ärgerliche Zustände äußern sich zerstörerisch, selbstbezogen, oft narzisstisch. Ärger über andere zeigt sich oft in dem Wunsch, sie abzuwerten und sich dadurch besser zu fühlen. Die Welt des Ärgers erzeugt immer Konflikte. Das Ausmaß des Ärgers mit seinen Steigerungsstufen von Wut und Hass führt zuweilen auch zu körperlichen Übergriffen, deren Ausmaß manche Menschen jahrelang bereuen.

Fördernd: Man lebt heiligen Zorn und ist in der Lage, Grenzen zu setzen, wenn die Werte verletzt sind, kann irrige Fantasien über das Leben und übergriffige Ideologien abwehren.

Nun verlassen Sie das Erdgeschoss und bewegen sich in den ersten Stock. Sie spüren schon: Mit jeder Stufe wird es ruhiger.

5. Der Raum der Ruhe

Ein schöner Zustand, in dem einen nichts belastet. Keine Gedanken, keine Bilder, keine inneren Stimmen, keine Gefühle. Schön ist es, sich hier bewusst aufzuhalten.

Hindernd: Wenn man sich zu lange in dieser entspannten Passivität aufhält, breitet sich Trägheit aus, was ins Faulsein führt. Das unangenehme Gefühl, das einen überkommt an einem schläfrigen Sonntag so gegen fünf Uhr: Es ist zu viel Ruhe. Es fehlt der Antrieb, sich um das eigene Leben zu kümmern, sich auch mal unangenehme Themen anzusehen. Lieber auf der Terrasse sitzen und chillen. Der Lernprozess des Gehirns wird gestoppt, weil es keine Erfahrung gibt.

Fördernd: Habe ich viel Ruhe in mir, bin ich in einem neutralen Zustand. Der Geist ist, wenn er arbeitet, klar, entspannt und fokussiert.

Auch wenn es schwerfällt, den Raum der Ruhe zu verlassen, sollten Sie weitergehen, denn es gibt noch mehr Türen im ersten Stockwerk, die es zu öffnen gilt.

6. Der Himmel

Freude, ein Erfolgserlebnis, Momente von Dankbarkeit, Wertschätzung – es macht Spaß, was ich erlebe, es macht Spaß, ich selbst zu sein. Die äußere Freude wird zur *inner joy*, eine stabile innere Glückseligkeit, ungeachtet der äußeren Geschehnisse.

Hindernd: verrücktes Verliebtsein, zu viele Zusatzstoffe, die den Körper in den Himmel tragen. Diese Zustände rufen nach Dauerhaftigkeit und können zu Süchten werden, die einen schnell in höllische Ebenen zurückwerfen. Deshalb liegen Himmel und Hölle oft dicht nebeneinander, sehr dicht.

Fördernd: Ekstase, Freude, Glück, Weite im Körper, Leichtigkeit. Der Geist ist hell und beglückt. Große innere Wahrnehmung. Dankbarkeit für alles, was erhebend ist in diesem Leben, heile Natur, Musik, Kreativität.

Sie verlassen diesen Raum ebenfalls. Die Treppen führen Sie ins zweite Geschoss, und Sie wissen, es gibt noch mehr zu entdecken.

7. Der Raum der Klarheit

Lernen ist ein tiefes inneres Gefühl, sich zu verbessern, Zusammenhänge besser zu verstehen, die Dramen im Alltäglichen, Freude am Lernen, Gelassenheit durch Klarheit und Durchblick.

Hindernd: übertriebenes Analysieren. Selbstoptimierungslernen stachelt den inneren Antreiber der Persönlichkeit derart an, dass die Gefahr besteht, das Ganze nicht mehr sehen zu wollen. Narzisstisch orientierte Personen verlieren sich dann in psychologischer oder intellektueller Selbstbeschauung. Das führt dazu, sich über andere zu stellen und sie zu verurteilen, dass sie noch nicht so weit wären.

Fördernd: Klarheit schafft Erleichterung für alle. Es besteht der Wunsch, zu lernen, mehr über sich zu lernen und die Zusammenhänge des Lebens zu verstehen, dazu für bestimmte Themen den geeigneten Lehrer zu finden. Klare Leader werden geschätzt von Mitarbeitern und Kunden, man weiß, wo man dran ist, Entscheidungen werden getroffen, man lamentiert nicht.

Auch wenn man sich im Raum der Klarheit gern lange aufhalten möchte, weiß man – gerade weil man im Raum der Klarheit ist –, dass man dort nicht stecken bleiben darf. Es ist an der Zeit, den zweiten Raum im zweiten Stockwerk zu betreten.

8. Der Raum der Erkenntnis

Die Sichtweise dehnt sich aus. Neue Gefühle können den Körper beleben durch die Erkenntnis, und weil ein neues Verständnis da ist. Sich selbst entwickeln durch das Beobachten und Reflektieren des Lebens. Erkenntnis entsteht durch Klarheit, deshalb liegen auch beide Räume eng nebeneinander.

Hindernd: Erkenntnisse können zu Arroganz und Überheblichkeit führen. Man fühlt sich besser, weiser, intelligenter.

Erkenntnisse begünstigen jedoch auch Depressionen oder Frustration, wenn man zum Beispiel die Geschehnisse hinter den Fassaden der aktuellen Zeit erkennt.

Fördernd: Durch das Beobachten, Reflektieren und Lernen werden tiefe Einsichten gewonnen. Durch Einsichten kann eine tiefere Weisheit im Geist entstehen.

Bereits beflügelt von den Räumen im zweiten Stockwerk, wissen Sie, dass es noch einen großen, hellen und lichtdurchfluteten Raum ganz oben gibt. Magisch zieht es Sie die letzten Stufen hinauf ins Dachgeschoss Ihres wunderbaren Hauses. Dort erwarten Sie die letzten zwei Türen, eine geht nach Osten und eine nach Westen.

9. Der Raum des Bodhisattwa

Bodhi heißt im Sanskrit »das Erwachen«, der Bodhisattwa ist der »Anwärter auf die Buddha-Würde«. Im buddhistischen Konzept ist es jemand, der für sich selbst und andere nach dem »Erwachen aus dem Dunkeln der Unwissenheit« strebt. Man bezeichnet den Dalai-Lama als »Bodhisattwa«.

Hindernd: Die Gefahr besteht, sich selbst aufzugeben zum Wohle anderer und damit gesundheitlichen beziehungsweise psychologischen Schaden zu nehmen.

Fördernd: Man hat großes Mitgefühl für andere. Ist selbstlos, ohne zu erwarten, dass sich damit das Bankkonto füllt oder große Dankesreden erfolgen. Erfüllt in der Arbeit, andere zu entwickeln, zu helfen und zu unterstützen.

Nun verlassen Sie auch diesen Raum und betreten den letzten Richtung Westen. Ein wunderschönes, warm durchflutendes rotes Dämmerungslicht leuchtet Ihnen entgegen. Der Raum beflügelt Sie bereits, während Sie ihn betreten.

10. Der Raum der Buddhaschaft

In diesem Zustand nimmt derjenige, der diesen Zustand erreicht hat, die Welt so wahr, wie sie wirklich ist. Er lebt in der höheren göttlichen Ordnung und hat alle Illusionen durchgearbeitet, Anhaftungen, Ablehnung und Unwissenheit transformiert. Alle Teilpersönlichkeiten der niederen Ebenen sind transformiert in Weisheit, Gesundheit, Vitalität, höheres Mitgefühl, grenzenloses Strahlen, Liebe und Klarheit. In diesem Zustand gibt es keine negativen Aspekte. Deshalb ist in einem solchen Bewusstsein Weisheit in Mut verwandelt.

Der indische Meister Sadhguru steht für solch eine Art Buddhaschaft. Die Kraft des inneren Göttlichen durchströmt und erhellt alle anderen Lebensbereiche. Sind wir in der Welt der Buddhaschaft eingetaucht, ist es leichter, die anderen Welten als das wahrzunehmen, was sie sind.

Das bedeutet, auch wenn andere nicht Ihre Gedanken lesen können und natürlich nicht wissen, in welchem Raum Sie sich aufhalten, werden sie es dennoch spüren und damit in Resonanz gehe, sodass Sie alle, die Ihnen begegnen, in diese Räume führen. Je nachdem, wie stark Sie sind, werden sie Ihnen folgen oder eben nicht. Je nachdem, in welcher Etage Sie sich aufhalten, ist Ihnen zu wünschen, dass es Ihnen gelingt oder eben nicht.

Ein menschliches Wesen, das höchste Intelligenz auf allen Ebenen entwickelt, macht das nicht nur für sich. Sonst wäre das ja wiederum eine Zentrierung aufs Selbst, und wir landeten in der Ebene der Persönlichkeit und des narzisstischen Egotrips. Der Mensch macht dies aus Liebe zu allen Menschen. Sein dringlichstes Ziel ist es, anderen zu helfen, sich weiterzuentwickeln. Andere zu entwickeln geht jedoch nur, wenn wir uns selbst entwickeln. Somit ist jede innere Entwicklung auch ein Beitrag für alle Menschen im Umfeld, denn es ermutigt sie, sich auch weiterzuentwickeln. Bestimmt kennen Sie das berühmte Zitat von Mahatma

Gandhi: »Be the change you want to see in the world.« – »Sei die Veränderung, die du in der Welt sehen möchtest.«

So kann der buddhistisch motivierte Unternehmer seine Firma nutzen, um möglichst viele Menschen geistig weiterzuentwickeln. Dadurch bringt er den Wunsch nach Buddhaschaft und geistiger Entwicklung in Einklang mit seinem Business.

Die zehn Kennzeichen eines charismatischen Leaders

Er kennt die verschiedenen Neigungen und Einstellungen jedes Einzelnen. Deshalb kann er alle Mitarbeiter gemäß ihren Bedürfnissen und ihrem Charakter anleiten und respektvoll führen und fördern. Aufgrund seines tiefenpsychologischen und kommunikationswissenschaftlichen Wissens weiß er, welche Mitarbeiter er zu Teams zusammenstellt. Er lässt sich von seinem tiefsten Wunsch leiten, den Menschen dabei zu helfen, sich zu entwickeln. Er ist mit unterschiedlichen Methoden vertraut, seine Mitarbeiter dabei zu unterstützen:

1. *Selbstreflexion üben:* Er weiß um die positiven und negativen Auswirkungen von schwächenden und stärkenden Verhaltensweisen, Denkstrategien, Werten und Überzeugungen. Das Konzept der Teilpersönlichkeiten ist ihm geläufig, auch bei sich selbst: Er kennt seine Schwächen und bemüht sich, sie in Stärken zu verwandeln. Eigene neurotische Muster löst er mithilfe kompetenter Unterstützung auf. Er hält sich nicht für allwissend und nutzt regelmäßig Supervision.
2. *Positives Karma säen:* Er kennt die Phänomene und Illusionen des Lebens, bemerkt Stimmungen in der Firma schnell und kann sie kraft seines systemischen Denkens auch analysieren. Dabei bleibt er niemals an der scheinbaren Oberflä-

che, sondern blickt tiefer und höher, indem er buddhistische Lösungsansätze bevorzugt: Er kann das Ganze sehen, auch in einer ungewöhnlichen Reihenfolge. Er setzt gute Ursachen, damit sich daraus gute Wirkungen entwickeln.

3. *Ethische Werte leben:* Alle seine Entscheidungen stehen in Einklang mit buddhistischen Werten. Als buddhistischer Leader entwickelt er ein Zielbild seines Unternehmens, das jeden Mitarbeiter und auch ihn selbst einschließt. Und er weiß, wie seine Mitarbeiter ihr größtes Potenzial entwickeln können, um diese Vision zu verwirklichen.
4. *Achtsamkeit und Präsenz zeigen:* Im Gespräch mit Mitarbeitern ist er völlig präsent und nicht mit dem Geist unbewusst irgendwo anders. Er kennt sich aus in Kommunikationsstrategien und kann die verschiedenen Aspekte seiner Persönlichkeit umsichtig managen.
5. *Das Feld stärken:* Er meditiert jeden Tag, um seinen Geist rein, klar und intelligent zu halten, und überträgt stärkende Frequenzen auf das Feld seiner Firma und seiner Mitarbeiter, um einen geistigen Raum für größtmöglichen Erfolg zu schaffen.
6. *Meditieren zur entspannten Kommunikation:* Er meditiert vor jedem Treffen mit seinen Kunden und kreiert durch die Meditation Räume, in denen Gespräche freundlich, sachlich und zielführend sind.
7. *Die Kraft aus der Mitte schöpfen:* Durch körperliche bewusstseinsfördernde Übungen wie inneres Kung-Fu-Qigong oder Niederwerfungen stärkt er seinen Energiekörper derart, dass sich störende Gefühle wie Ärger, zu viel Wollen, Angst, Zorn, Sorgen und anderes in ihm nicht breitmachen können.
8. *Einkehr zur Inspiration halten:* In regelmäßigen Abständen zieht er sich zurück, um sich neu zu sortieren, sich und die Firma zu reflektieren und neue Impulse zu entwickeln zur Weiterentwicklung der Firma und der Mitarbeiter.

9. *Never ending story – lernen, reflektieren, lernen:* Seine freie Zeit nutzt er auch dafür, seinen Geist zu entwickeln. Das ist ihm wichtiger als sein Golfhandicap. Er arbeitet kontinuierlich daran, seine inneren Hindernisse aufzulösen.
10. *Spürbare Freude empfinden und weise sein:* Der Geist eines buddhistischen Leaders ist voller Warmherzigkeit und Freude für alle und gleichzeitig weise, klar, stark und inspirierend. Er hat volles Vertrauen in seine innere geistige Führung. Und er hat einen Coach, der ihn auf diesem Weg begleitet.

Buddha im Business

Der Raum des Buddha kennt keine physische Distanz

Als wir wegen des Lockdowns sozusagen in Haft waren, erreichte uns der Notruf eines Unternehmers. Er beschrieb, wie unterirdisch die Stimmung in seiner Firma war – sozusagen am Nullpunkt. Der Lockdown, das anstrengende Maskentragen, die Ängste um das Weiterbestehen der Firma beschäftigte alle. Seine Belegschaft war frustriert, dadurch schnell genervt und in aggressiver Stimmung.

In solch einem Fall, in dem wir nicht konkret vor Ort sein können, setzen wir ein Mittel ein, das Stephan in einer anderen Form in einem thailändischen Kloster gelernt hat. Die folgenden Schritte werden angewendet, um den positiven Zustand einer Person oder eines Unternehmens wiederherzustellen:

1. Nehmen Sie eine große Karteikarte DIN A5.
2. Schreiben Sie Firmennamen, Ort und Adresse auf diese Karteikarte.
3. Schreiben Sie alle Qualitäten, die Sie für die Firma haben möchten, auf die Karteikarte. In diesem Fall haben wir »Erfolg, Freude, Kreativität, finanziellen Erfolg, starkes Team, Lebendigkeit, Stärke, Vitalität und Gesundheit, klare Kommunikation« draufgeschrieben.
4. Diese Karteikarte ist nun das Mini-Quantenfeld der Firma. Die gewünschten Qualitäten sind Worte, die Worte sind Frequenzen.

5. Jetzt rezitiert man die Zuflucht zu dem Buddha, während man die Hände auf die Karte legt:
   NAMOTASA, BAGHAVATO, ARHAHATO
   SAMMA, SAM BUDDHA SA
6. Die Frequenz des Buddha-Feldes verdichtet die Werte im Feld der Firma.

Während der Khalachakra Teachings im Sommer 2012 in Washington erklärte Seine Heiligkeit der Dalai-Lama diese Methode in einer etwas anderen Art und Weise. Er bezog sich auf den Kalachakra-Tempel und die Auswirkungen von Gedanken auf das Feld. Das Prinzip, das wir praktizieren, ist das gleiche. Wir verändern das Feld mit den zielorientierten Gedanken und sinnvollen Werten.

Unser Unternehmer praktizierte jeden Morgen hundertachtmal. Normalerweise reicht einundzwanzigmal pro Tag. Der Lockdown war jedoch eine große Herausforderung, deshalb hat er es hundertachtmal rezitiert. Wir unterstützten ihn dabei, indem ebenfalls jeder von uns eine Karteikarte mit seinen Informationen ausfüllte und jeden Tag darauf rezitierte.

Nach drei Tagen rief er begeistert an: »Ich kann eine deutliche Veränderung in der Stimmung meines Teams wahrnehmen. Es wird wieder mehr gelacht, der Umgangston ist freundlicher geworden, und es ist eine allgemeine Zuversicht spürbar, dass sich doch alles wieder zum Besten entwickeln wird. Ich bin begeistert«, jubelte er am Telefon.

Hier kurz zusammengefasst:
1. Karteikarte DIN A5.
2. Name, Adresse und Ort.
3. Werte aufschreiben.
4. Hände auf die Karteikarte legen.
5. NAMOTASA, BAGHAVATO, ARHAHATO
   und SAMMA, SAM BUDDHA SA einundzwanzigmal rezitieren.
6. Alles im Buddha-Feld verbinden.

Coaching-Tools mit Buddha

Wenn die Führung eines Unternehmens die buddhistischen Grundsätze beherzigt, entsteht ein positives Energiefeld, ein Buddha-Feld, mit dem die Mitarbeiter in Resonanz gehen. Alles ist dann durchdrungen vom guten Geist zum Wohle aller – vom großen Ganzen bis zu kleinsten Details. Und alle tragen dazu bei, dieses gute Buddha-Feld täglich aufzuladen und zu stärken.

»Wenn Sie unsere Corporate-Identity-Broschüre gelesen haben und sich zu allen Punkten das Gegenteil denken, wissen Sie, wie es bei uns läuft.«

Diesen Spruch haben wir sinngemäß schon oft gehört. Mitarbeiter können sich nicht damit identifizieren, was ihre Firma nach außen darstellen will. Sie finden sich nicht wieder in den Werten der Firma, deren Auftritt eher für Kunden als für Mitarbeiter geschönt ist. Es geht ums Image, und das hat keine Auswirkungen auf das Innenleben eines Unternehmens oder sogar eine gegenteilige, nach dem Motto: Da haben »sie« sich ja mal eine schöne heile Welt zusammengebastelt – unser Alltag sieht anders aus. Diese Kluft führt zu viel Frust. Mitarbeiter können sich nicht mit dem Unternehmen identifizieren.

Deshalb sollte es eine innere CI geben – wie stehen wir innerhalb der Firma zueinander? Was sind unsere Werte, was sind unsere Regeln, wie gehen wir miteinander um? Diese Fragen werden leider oft vernachlässigt, Energie wird in die Öffentlichkeitsarbeit gesteckt. Doch wenn sich dann achtzig Prozent der Mitarbeiter über das Resultat lustig machen – wie soll es jemals verwirklicht werden? Ganz am Anfang stehen oft die Firmenphilosophie und die beliebte Phrase: Bei uns steht der Mensch im Mittelpunkt. Tatsächlich? Ja natürlich, denn ohne Menschen gibt es keine Mitarbeit – aber ist das wirklich allen klar?

Buddha im Business

Wie wird man ein Magnet für neue kompetente Mitarbeiter?

»Ich finde einfach keine guten Mitarbeiter.« Das ist schon fast ein Mantra geworden für viele verzweifelte Unternehmer. Die Realität auf dem Markt bestätigt es. Doch manche Unternehmer schaffen es doch immer wieder auf schier unerklärliche Weise, die richtigen Mitarbeiter anzuziehen.

Eine Seminarteilnehmerin erzählte uns, wie sie ihr Dream-Team ergänzte: »Ich habe die letzten Wochen und Monate beharrlich darauf meditiert, dass die richtige Mitarbeiterin zu mir findet. Ich habe genau aufgeschrieben, welche Qualitäten und Fähigkeiten sie menschlich und fachlich mitbringen soll. Sie war in meinem Geist schon so lebendig vorstellbar, dass ich bereits fühlte, wie erleichtert ich bin, wenn sie an meiner Seite arbeitet, und welch gutes Team wir für unsere Kunden sind. Täglich habe ich mich als leuchtenden Buddha in meinem Geist erzeugt, der wie ein Magnet die richtige Mitarbeiterin anzieht, die zu mir passt. Ich kann es irgendwie immer noch nicht fassen. Letzte Woche hat sie sich vorgestellt, und gestern haben wir den Arbeitsvertrag unterschrieben.«

Die Teilnehmerin lachte: »Sie sieht zwar anders aus als in meiner Vorstellung, was ihre Kompetenz betrifft, entspricht sie jedoch absolut meiner Meditation. Gut, dass ich so beharrlich drangeblieben bin und nicht aufgegeben habe.«

Und so kann man auf die Frage: »Woher nimmst du deine tollen Mitarbeiter?«, durchaus antworten: »Aus meiner Vorstellung beziehungsweise aus dem Buddha-Feld!«

Die Regeln einer buddhistisch orientierten Firma

Die gelebten Grundwerte einer buddhistisch geführten Firma sind Klarheit, Weisheit, Wärme, Mitverstehen, Höher-Erfolg (Erfolg für alle), Lernen, Mitfreude, Einfachheit. Die Gemeinschaft ist wichtiger als das Individuum. Das Glück aller steht im Vordergrund vor dem persönlichen Glück. Der Erfolg der Firma, des Teams ist dem Leader wichtiger, als seinen persönlichen Erfolg hervorzuheben. Jeder konzentriert sich darauf, sein volles Potenzial zu entwickeln. Der Buddha-Chef bemüht sich, die Werte zu vermitteln und persönlich zu leben:

- Die Vision ist klar formuliert. Die Strategie zur Erreichung der Vision ebenfalls. Was können wir unseren Kunden Sinnvolles geben? Wie kann der Beitrag unseres Unternehmens nachhaltig sein? Welchen Mehrwert haben die Mitarbeiter von diesem Unternehmen?
- Jeder hat sein persönliches Ziel klar vor seinem geistigen Auge. Das persönliche Ziel ist im Einklang mit der Unternehmensvision.
- Die Schritte zum Ziel sind durchdacht und zeitlich untermauert.
- Einwände in Bezug auf Ziele werden nicht verdrängt, sondern nach dem Prinzip von Träumer – Kritiker – Realist durchdacht. (Dieses Modell ist im Anhang erklärt: die Walt-Disney-Strategie.)
- Jeder kennt seine persönliche Motivationsstrategie, um sein Ziel zu erreichen.
- Feedback wird nach den drei Schritten des Feedbackgesprächs durchgeführt:

1. Was stört mich genau?
2. Welches Gefühl löst es in mir aus?
3. Was wünsche ich mir in Zukunft von dir?

- Allen Mitarbeitern ist bewusst: Alle sind unterschiedlich. Jeder hat unterschiedliche Werte und Überzeugungen. Jeder respektiert die Unterschiedlichkeit. Doch alle leben die gleiche Vision, Strategie und teilen die gleichen Unternehmenswerte.
- Entstehen extreme negative Gefühle wie Wut, Zorn und Trauer, geht man folgendermaßen vor:

1. Es wird geprüft, ob die Emotionen etwas mit der Person zu tun haben oder Teil der eigenen Geschichte sind.
2. Sind sie Teil der eigenen Geschichte, werden Atemübungen praktiziert, bis das Gefühl weg ist.
3. Sachlich überlegt man, was die nächsten Schritte sind, um das übergeordnete Ziel zu erreichen.
4. Nun kann man sich darüber freuen, dass man seine emotionale Befindlichkeit weise gemanagt hat.

- Konkurrenz und das Sich-mit-anderen-Messen wird sportlich, humorvoll und witzig genommen. Mitfreude am Erfolg anderer wird kultiviert.
- Konkurrenz wird umgewandelt in die Haltung: »Was kann ich vom anderen lernen, was ich noch nicht kann?«
- Jedem ist bewusst: In einer buddhistischen Geschäftskultur wird – im Gegensatz zu einer klassischen deutschen Firma – nicht als Erstes nach einem Schuldigen gefahndet, wenn etwas schiefläuft. Es gibt kein Fingerzeigen: »Du bist schuld«, sondern gemeinsam wird der Lösungsweg eingeschlagen. Gemeinsam schaffen wir das Beste zum Wohle aller. Schuldige zu suchen ist Zeitverschwendung und fördert Probleme statt Lösungen.

- Es wird sachlich überlegt, was das Ziel und die Lösung sind, wo der Fehler liegt, wie der Fehler zukünftig vermieden werden kann und wie man neue Strategien implementiert.
- In der japanischen Geschäftskultur (buddhistisch orientiert) gilt: Hat ein Chef einen Fehler gemacht,

1. bekennt er sich dazu,
2. entschuldigt er sich und
3. erklärt, was er daraus gelernt hat.

- Erfolge werden zusammen gefeiert.
- Im geschäftlichen Rahmen gilt Logik und keine Übermotionalisierung. Heißt: Sachlich zurückverfolgen – wo lag die Ursache des Misserfolgs, der zu dem Ergebnis geführt hat? Was war entscheidend für den Erfolg?
- Diese Welt ist kontinuierlich in Veränderung, nichts bleibt, wie es ist, und wir lernen, wie mit diesen sich ständig verändernden Märkten, Systemen und Tools umzugehen ist.

Die buddhistisch orientierte Firma wird von allen getragen. Und alle halten sich an die Regeln für die beste Version einer buddhistisch entwickelten Firma:

- Jeder meditiert am Morgen.
- Jeder baut ein produktives Buddha-Feld am Morgen über die Firma auf.
- Jeder entmüllt am Abend oder zwischendurch seinen emotionalen Stress aus seinem Geist und Körper.
- Jeder macht am Morgen seine Verbeugungen oder stärkende Übungen wie Qigong, um seine eigene Buddha-Natur zu kräftigen.
- Jeder nutzt seinen Urlaub, um sich geistig und körperlich

aufzuladen, Energie zu tanken oder spirituell neues Wissen zu erlernen.

- Jeder meidet zu viel Alkohol, Zucker und andere Stoffe, die seinen Geist und Körper schwächen.
- Jeder übernimmt Verantwortung für seine Gesundheit und körperliche Fitness zum Wohle seiner selbst und der Gemeinschaft.
- Einmal im Jahr wird ein zweitägiges Organisationsentwicklungsseminar durchgeführt, um die Firma weiterzuentwickeln und die Vision zu stärken.

Wir alle lernen voneinander. Als Leader prägen Sie durch Ihr Verhalten die nächsten Generationen von Leadern. Wann immer die Mitarbeiter zu uns in ein Seminar kommen, können wir, ohne vorher zu fragen, erraten, von welcher Art Unternehmer, welcher Unternehmerin sie kommen. Denn wie sie sprechen, ihre Körperhaltung, ja sogar die Rauchgewohnheiten sind identisch mit denen ihrer Chefs. Wir kopieren, so lernen wir. Nehmen Sie es als Kompliment, wenn Ihre Mitarbeiter Sie bewusst oder unbewusst nachahmen. »Sie tragen sogar die gleichen Kleider wie ich«, stöhnte eine Chefin.

Seien Sie großzügig. Sie sind nachahmenswert. Wenn Ihre Mitarbeiter nichts von Ihnen übernehmen, dann ist das alarmierend. Schlicht ausgedrückt – man will nicht so sein wie Sie. Autsch.

Aus buddhistischer Sicht sind wir Vorbild. Wir bemühen uns, die Lehre und den Zustand Buddhas zu verwirklichen. Wir bemühen uns, dass sich jeder in unserer Nähe zu der besten Version seiner selbst entwickelt.

ALLES IN BUDDHA – ALLES ERGIBT SINN

Aus buddhistischer Sicht sind die Geburt und der Tod das Wichtigste – der »Gedankenstrich« dazwischen ist nicht so entscheidend. In der westlichen Kultur befassen wir uns vor allem mit dem Gedankenstrich.

Warum sind die Geburt und der Tod das Wichtigste? Die Geburt ist das Wichtigste, weil sie definiert, in welchem Energiefeld wir auf diese Welt kommen, mit welchen Möglichkeiten und Chancen. Und der Tod bestimmt darüber, mit welchen Möglichkeiten und Chancen wir wiedergeboren werden, wenn wir das Leben so bewusst wie möglich beenden. Das heißt, dass wir im Buddhismus bestrebt sind, unseren physischen Körper in einem höchstmöglichen Entwicklungsstand mit einem hell leuchtenden Geist zu verlassen, da aus buddhistischer Sicht dieser leuchtende Geist weiterleben wird in einer nächsten Reinkarnation.

Egal, ob Sie daran glauben oder nicht – es ist ja immer besser, vorbereitet zu sein, richtig? Sie gehen ja auch nicht unvorbereitet in wichtige Meetings, und der Tod, das ist unsere Meinung, ist das wichtigste Meeting überhaupt. Stephan Schwarz hat dazu ein Buch geschrieben: *Es ist noch kein Meister in den Himmel gefallen. Gebrauchsanleitung für das letzte Lebensdrittel.* Tatsache ist, dass die Idee der Reinkarnation dem Egoismus vorbeugt:

- Wer glaubt, dass er auf die Erde zurückkommt, wird die Natur schützen, er möchte schließlich nicht in eine Mülldeponie geboren werden.
- Wer glaubt, dass auf sinnvolle Taten Sinnvolles folgt, wird sich seine Handlungen überlegen.

- Auf falsch motiviertes Handeln folgt Leiden.
- Wer aufgrund von gründlichem Nachdenken und Reflektieren weiß, dass Reinkarnation die Wirklichkeit ist, erfährt eine starke Motivation für seine Zukunft in diesem Leben und in den nächsten Leben. Gerade sie nimmt im Alter oft ab. Dabei ist es die beste Zeit, sich sinnstiftend damit auseinanderzusetzen.
- Wer glaubt, dass jeder Moment zählt, driftet nicht in die Vergangenheit ab nach dem Motto »Früher war alles schöner«. Sobald wir den Gedanken verinnerlichen, dass wir uns für unser nächstes Leben vorbereiten, sind wir nicht nur motiviert, sondern auch im Jetzt, also in der einzigen Zeitspanne, in der Glück existiert.
- Wer weiß, dass alles in Vergangenheit, Gegenwart und Zukunft miteinander vernetzt ist, weiß, dass falsche und absichtlich vernichtende Worte später selbst in die »Vernichtung« führen.

... Und selbst wenn Sie davon nicht überzeugt sind – was uns betrifft, wir sind überzeugt –, profitieren Sie von einer veränderten Haltung, weil Sie dann für sich selbst und Ihre Mitmenschen eine Freude sind!

An einem gewissen Punkt im Leben schauen wir zurück. Mit welchem Gefühl? Für uns gibt es nur ein Kriterium: Ich habe mein Bestmögliches gegeben zum Wohle vieler anderer. Ich habe die Qualitäten eines Buddha in mir entwickelt. Ich habe aus allem das Beste gemacht. Mit freudvoller Disziplin und Beharrlichkeit bin ich auf dem Weg geblieben, ein leuchtender Buddha zu werden.

Ziele kennen Sie aus Ihrem Leben. Wenn Sie dieses leuchtende Ziel eines Buddha noch nicht in Ihren großen Plan aufgenommen haben, wäre jetzt eine Gelegenheit dazu.

Aus buddhistischer Sicht ist das übergeordnete aller Ziele die

Vorbereitung der nächsten Inkarnation. Die Entwicklung hört nie auf. Wir sind beflügelt durch die Welt des Lernens. Ein geschulter Geist kann sich immer wieder erheben auf eine höhere Frequenz. So werden wir automatisch und selbstverständlich ein Magnet für gute Umstände in unserem Leben, und wir sammeln buddhistisch gesprochen viele Karma-Punkte. Ja, auch und gerade, wenn wir eine Weile im Keller verbracht haben, wenn wir vielleicht schmerzhaft lernten, uns von vielen Blockaden zu befreien. Leben ist leidhaft, und es gibt ein Licht, dafür muss man nicht ans Ende des Tunnels gehen, es ist immer da. In uns.

Wie wachsen die schönsten Rosen? Indem man sie mit Mist düngt. Unser Mist, um zu wachsen, sind unsere Schattenseiten.

Tatsächlich bietet uns das Business täglich einen Haufen Mist, und wenn wir diesen Mist als eine große Chance zur inneren Transformation, zum Erblühen unseres strahlenden Geistes betrachten, dann ist dieses Leben unfassbar reich, intensiv, farbig und liebenswert, weil es uns nicht mehr überfordert und erdrückt, sondern weil wir das alles nehmen, um daran zu wachsen.

Gewiss ist es gewöhnungsbedürftig, sich darüber zu freuen, weil man Probleme nutzen kann, um über Probleme hinwegzukommen, doch wenn wir zurückblicken, werden wir sehen, dass aus zahlreichen Problemen, Unannehmlichkeiten, Schmerzen und Kämpfen viel Gutes hervorgegangen ist. Wir können das Vertrauen gewinnen, dass Schmerzen, Kämpfe und Leid unsere besten Lehrer sind.

Die Buddha-Natur existiert in uns und in unserer Umgebung. Immer. Es obliegt unserer eigenen Entscheidung, wie wir leben wollen. Mit unserer Buddha-Natur oder ohne sie. Auch wenn wir eine Weile scheinbar außerhalb unserer Möglichkeiten und der besten Version unserer selbst leben, können wir immer wieder zurückkehren und Zuflucht finden in den höheren Welten.

Im Christentum gibt es die schöne Umschreibung: Du kannst nie tiefer fallen als in Gottes Hände. Auch das Fallen in unsere Buddha-Natur, in das Quantenfeld des Göttlichen, ist ein Aufgefangenwerden. Und Strahlen. Ich bin stark. Ich bin groß. Ich bin intelligent. Ich bin leuchtend. Ich bin Buddha.

DANK

Unsere Herzen sind durchdrungen von tiefer Dankbarkeit. Wir fühlen uns, ganz besonders in diesen unfassbar herausfordernden Zeiten, getragen von der Kraft, Liebe und Weisheit der Buddhas. Ohne diesen Segen wäre all das nicht möglich geworden.

Als ganz besonders große Brocken auf dem Weg lagen, schickten uns die Buddhas Sabine Jaenicke, unsere Lektorin vom Droemer Knaur Verlag. Ihre Souveränität stellte wieder eine göttliche Ordnung in den Ablauf. Karin Seiler, unsere langjährige Sangha-Freundin, half uns mit ihrem klaren Geist, den komplexen Stoff zu sortieren und zu ordnen. Wir danken euch von Herzen.

Wir danken unserer geliebten Sangha, unseren Teilnehmern und Klienten und all den vielen, ohne deren Enthusiasmus und Begeisterung und Unterstützung dieses Buch nicht hätte werden können.

Shirley Michaela Seul bedankt sich in herzlicher Verbundenheit bei Sabine Jaenicke für die vielen guten Ideen und den ganzen großen Rest. Und bei Hartmut Baumann für Geduld, Gelassenheit, gute Gedanken und … Musik!

ANHANG

Visionen realisieren mit Walt Disney

Oft scheitern Visionäre an sogenannten Realisten und Kritikern, die gern auftreten, als hätten sie die Klarheit für sich gepachtet. Nun, das mag sein, aber alles zu seiner Zeit! Im Folgenden stellen wir Ihnen eine effektive Kreativitätsstrategie vor, die wir vor vielen Jahrzehnten in einem Seminar von Dr. Robert Dilts kennengelernt haben. Robert Dilts, der eng mit Richard Bendler, einem der Begründer des NLP, zusammenarbeitete, ist selbst eine große Koryphäe im Neuro Linguistic Programming. Seine Strategie ist nach Walt Disney benannt, weil sie sozusagen das Geheimnis von Walt lüftet, wie er es geschafft hat, diese fantastischen Trickfilme nicht nur in seiner Fantasie zu belassen, sondern sie wirklich in die Welt zu bringen. Wie wir alle wissen, bedeutet, eine gute Idee zu haben, nicht, dass man sie auch umsetzen kann. Mit der folgenden Strategie gelingt es! Wir kennen zahlreiche Unternehmer, die ihre Visionen auf diese Art und Weise verwirklichten. Aus buddhistischer Sicht zeigt die Walt-Disney-Strategie, wie wir mit einem klaren Geist aus verschiedenen Perspektiven etwas betrachten können.

Was Walt Disney betrifft, führte seine innovative Kreativität gekoppelt mit erfolgreichen Geschäftsstrategien zu einem Imperium in der Unterhaltungsindustrie. Es ist ihm gelungen, Fantasie konkret werden zu lassen mit seiner Fähigkeit, etwas, was nur in der Vorstellung existiert, zu verwenden und ihm eine physische Existenz zu verleihen, welche die Erfahrungen anderer in positiver Weise beeinflusst. Unser Geist ist wendig und kann sich vom Visionär ausgehend weiterentwickeln. Dazu gehört es allerdings unabdingbar, dem Träumer Raum zu geben, ihn nicht gleich mit einem »Nein, geht nicht« oder »Ja, aber« auszubremsen.

Die Walt-Disney-Strategie arbeitet mit drei klaren Positionen:

1. Träumer
2. Kritiker
3. Realist

Allein das ist schon brillant, denn wenn wir kein Bewusstsein für die drei Positionen haben, vermischen wir diese Geisteshaltungen.

Wenn Walt Disney seinerzeit an einem Projekt saß, gab er als Erstes den Träumen Raum, das heißt, er selbst und sein Team durften eine Weile nur träumen. Heute nennen wir das »Brainstorming«. Ein Ja steht über allem, keiner darf kritisieren, nörgeln, infrage stellen. Es ist ausdrücklich erwünscht zu träumen. Träumen ist übrigens eine große Fähigkeit und verlangt eine entspannte Physiologie, man ist locker, heiter, der Körper gelöst, man sieht kein Stirnrunzeln, jeder im Team fühlt sich wohl.

Als Nächstes darf der Kritiker auftreten, idealerweise in einem anderen Raum. Alle dürfen und sollen sich nun kritisch äußern. Denn in jedem von uns steckt ja auch ein Kritiker. Und der verändert auch unsere Physiologie. Nun ist es erlaubt, die Stirn zu runzeln, zu hinterfragen, zu kritisieren. Mit einem gesunden Abstand betrachtet man seine Träume, Visionen und untersucht: Was kann daran nicht funktionieren? Alle kritischen Einwände werden gesammelt. An diesem Punkt ist es vorteilhaft, kritische Mitarbeiter im Team zu haben. Jetzt sind sie besonders gefragt und wertgeschätzt.

Als Drittes wechselt man in eine rationale Haltung. Ein Realist ist nüchtern, lässt sich nicht von der Begeisterung eines Visionärs wegreißen, nörgelt aber auch nicht im Kreis. Neutral betrachtet er die Lage, analysiert die Zahlen, den Markt, die Manpower et cetera. Daraus kann durchaus eine allgemeine Ernüchterung folgen, und nicht wenige Unternehmer geben an dieser Stelle auf. Nicht so Walt Disney. Er bündelte die Informationen aller drei Positionen und begann noch einmal von vorn mit einer nun veränderten Vision. Im Anschluss wurden Kritiker und Realist eingeladen. Und vielleicht gab es danach noch eine weitere Runde. Walt Disney hat nicht aufgegeben – mit einem grandiosen Resultat. Was für eine fantastische Strategie!

Warum ist es so wichtig, den Träumer in sich zu bejahen?

Weil wir in einen anderen geistigen Zustand gelangen, wenn wir die Haltung und Physiologie des Kritikers und Realisten einnehmen. Versuchen Sie einmal zu lächeln und jemanden dabei abzukanzeln oder verkniffen zu schauen und jemanden zu loben. Es funktioniert nicht! In der Walt-Disney-Strategie begrenzen wir unsere Ressourcen nicht, sondern schöpfen sie voll aus und geben jeder Position genug Zeit und Raum, sich zu entfalten. Kreativität ist ein ganzheitlicher Prozess, der die Koordination der drei Positionen einschließt: Träumer, Realist und Kritiker. Laut Robert Dilts ist

- ein Träumer ohne einen Realisten und Kritiker genau das: nur ein Träumer,
- ein Realist ohne einen Träumer und Kritiker ein Roboter,
- ein Kritiker ohne einen Träumer und Realisten ein Spielverderber.
- Ein Träumer und ein Realist ohne einen Kritiker ist die Forschungs- und Entwicklungsabteilung – sie produziert viele Prototypen, verfügt aber nicht über die Qualitätsstandards, die für einen Erfolg nötig sind.
- Ein Realist und Kritiker ohne einen Träumer ist eine Bürokratie.
- Ein Träumer und Kritiker ohne Realist ist eine Achterbahn der manischen Depression.

Dieser kreative Prozess kann auch in Gruppen und Teams angewendet werden. Der kreative Zyklus einer Gruppe oder eines Teams enthält oft den natürlichen Wechsel zwischen Träumer (die erweiterte Sicht oder »Visionen«), Realist (die Etablierung von Mikrozielen, die für die Erreichung des größeren Ziels erforderlich sind) und Kritiker (die Suche nach fehlenden Elementen und möglichen Problemen):

1. *Der Träumer:* Die Träumer-Phase ist an der langfristigen Zukunft orientiert. Sie impliziert das Denken im Rahmen einer erweiterten Sicht der Dinge und in größeren Abschnitten, um neue Alternativen und Entscheidungsmöglichkeiten zu schaffen. In der Träumer-Phase liegt die Betonung auf der Erweiterung der Wahrnehmung in Bezug auf einen bestimmten Plan oder eine bestimmte Idee. Es geht um das »Was«. Ziele des Träumers sind unter anderem, das Ziel in positiven Begriffen zu beschreiben und die Aufgabe und den Nutzen des erwünschten Zustands zu klären.
2. *Der Realist:* Die Aufgabe des Realisten besteht darin, den Traum in einen funktionierenden Plan oder ein gutes Produkt umzusetzen. Als Realist wollen Sie handeln, »als ob« der Traum möglich wäre, und sich dabei auf die Schritte und Handlungen konzentrieren, die nötig sind, um ihn wahr werden zu lassen. Ihr Hauptaugenmerk sollte darauf gerichtet sein, »wie« der Plan oder die Idee umgesetzt werden könnte. Es geht darum, sich in die Zukunft zu bewegen, sich dabei aber an einer kurzfristigeren Zeitperspektive zu orientieren als der Träumer. Der Realist konzentriert sich meist mehr auf Prozeduren und einzelne Schritte. Der kognitive Fokus liegt darauf, zu handeln, »als ob« der Traum erreichbar sei, und nunmehr zu bedenken, wie die Idee oder der Plan umgesetzt werden können. Die Betonung liegt dabei auf spezifischen Handlungen und der Festlegung kurzfristiger Schritte. So unterstützt der Realist dabei, Handlungen zu definieren.
3. *Der Kritiker:* Er bewertet den vorgeschlagenen Plan oder das vorgeschlagene Projekt und hält Ausschau nach möglichen Problemen und »fehlenden Elementen«. Um ein effektiver

Kritiker zu sein, ist es wichtig, die Perspektiven von Menschen einzunehmen, die den Plan oder das Projekt (im positiven wie im negativen Sinne) beeinflussen oder von ihnen beeinflusst werden könnten. Ein Kritiker im besten Sinne berücksichtigt die Bedürfnisse und Reaktionen der anderen, indem er logisch überlegt, »was passieren würde, wenn« Probleme tatsächlich auftreten sollten. Kritiker werden wegen ihrer scheinbar negativen Haltung und ihrer Tendenz, Einwände auf die Ideen und Vorschläge anderer vorzubringen, oft als die schwierigsten Menschen in einem Gespräch empfunden. Die größte Herausforderung tritt auf, wenn der Kritiker nicht nur den Traum oder Plan, sondern zudem den Träumer oder Realisten kritisiert. Zu sagen: »Diese Idee ist albern«, ist etwas anderes, als zu sagen: »Du bist albern, weil du diese Idee hattest.« Es ist also enorm wichtig, sich immer wieder in Erinnerung zu rufen, dass Kritik ebenso wie jedes andere Verhalten auch eine positive Absicht enthält.

Eine erfahrene Führungskraft navigiert ihr Team durch diesen kreativen Prozess.

ANGELEITETE MEDITATIONEN

SCAN ME

Unter diesem QR-Code finden Sie die folgenden vier Meditationen:

1. *Die Atem-Meditation:* Diese Meditation ist die Grundlage für den Einstieg ins Meditieren. Durch die Anleitung des bewussten Atmens werden Sie leicht in höhere Bewusstseinszustände kommen und erfahren das Glück, wenn die Gedanken ruhiger werden und die innere Stimme sogar still wird. Sie lernen dadurch, sich selbst nicht mehr im Wege zu stehen, und machen eine Pause von Ihrer Persönlichkeit. Nach dieser Meditation sind Sie innerlich wieder aufgeladen und fühlen sich souverän und stark.
2. *Problem lösen mit Buddhas Hilfe:* Manchmal sind wir festgefahren in alltäglichen Situationen oder überfordert, um die Herausforderung zu handhaben. Ob das schwierige Mitarbeitergespräche sind oder eine Präsentation vor einem fordernden Publikum. Dann braucht unser Geist neue Vorstellungen darüber, wie wir das lösen können wie ein Buddha.
3. *Die Drei-Lichter-Meditation:* Unser Gehirn ist manchmal erschöpft von den vielen Eindrücken, und unsere Gedanken sind durcheinander. Unsere Stimme klingt gestresst, und wir finden nicht die Worte, das auszudrücken, was unserer wahren Natur entspricht. Durch die vielen unbewussten und

auch bewussten Ängste und Zweifel verhärtet sich unser Herz. In dieser Meditation lernen Sie, sich mit dem Buddha zu verbinden und seine Übertragungen zu empfangen.
Er öffnet seine Stirn, und ein weißgoldener Lichtstrahl strömt von seiner Stirn in Ihre Stirn hinein. Dadurch ordnen sich Ihre Gedanken wieder, und Sie finden Lösungen zu Themen, die Sie vorher blockiert haben.
Er öffnet seine Kehle, und ein rotgoldener Lichtstrahl strömt von seiner Kehle in Ihre Kehle, sodass Ihre Stimme wieder die Frequenz Ihrer Buddha-Natur widerspiegelt und Sie die Worte finden, diese auszudrücken.
Dann öffnet sich sein Herz, und ein wunderbar hellblaugoldener Lichtstrahl strömt aus seinem Herzen in Ihr Herz und verstärkt wieder Ihre Herzensgüte und Ihr Mitgefühl. Sie fühlen sich wieder aufgeladen und zentriert.

4. *Gute Entscheidungen mit Buddhas Hilfe treffen:* In jedem von uns kämpfen ein Ja und ein Nein, besonders wenn es um wichtige Entscheidungen geht. Wenn wir diese Dynamik nicht verstehen, kann uns das unendlich viel Kraft kosten. In dieser Meditation werden Sie Frieden mit beiden Seiten schließen und erkennen, dass beide Seiten maßgebend sind, um weise Entscheidungen zu treffen.

Quellen

Bateson, Gregory: *Ökologie des Geistes. Anthropologische, psychologische, biologische und epistemologische Perspektiven,* Suhrkamp, Frankfurt am Main 1981

Bonelli, Raphael: *Perfektionismus: Wenn das Soll zum Muss wird,* Pattloch, München 2014

Brach, Tara: *Lass den goldenen Buddha in dir strahlen,* O. W. Barth, München 2022

Dilts, Robert: *Die Veränderung von Glaubenssystemen: NLP-Glaubensarbeit,* Junfermann, Paderborn 1994 (zu Dilts' Pyramide wird man durch googeln fündig!)

Dilts, Robert, et al.: *Know-how für Träumer. Strategien der Kreativität – NLP & Modelling – Struktur der Innovation,* Junfermann, Paderborn 1994

Dweck, Carol: *Selbstbild. Wie unser Denken Erfolge oder Niederlagen bewirkt,* Piper, München 2017

Farnsworth, Dr. Bryn: GSR and Emotions: What Our Skin Can Tell Us About How We Feel, https://imotions.com/blog/gsr-emotions/, abgerufen am 14.12.2021

Hof, Wim: *Nie wieder krank. Gesund, stark und leistungsfähig durch die Kraft der Kälte,* riva, München 2018

Karpman, Stephen B.: »Fairy tales and script drama analysis«, *Transactional Analysis Bulletin* 7 (26), 1968, S. 39–43, https://karpmandramatriangle.com/pdf/DramaTriangle.pdf, abgerufen am 13.12.2021

Kornfield, Jack, zitiert nach http://www.anatmavada.com/tag/jack-kornfield/, abgerufen am 13.12.2021

Lipton, Bruce H., und Steve Bhaerman: *Spontane Evolution. Unsere positive Zukunft und wie wir sie erreichen,* KOHA, Burgrain 2014

Maaz, Hans-Joachim, Dietmar Czycholl und Aaron B. Czycholl: *Corona – Angst. Was mit unserer Psyche geschieht,* Frank & Timme, Berlin 2020

Sadhguru: *Karma. Wie wir das eigene Schicksal beeinflussen können,* O. W. Barth, München 2021

–, *Die Weisheit eines Yogi. Wie innere Veränderung wirklich möglich ist,* O. W. Barth, München 2017

Saint-Exupéry, Antoine de: *Die Stadt in der Wüste,* Karl Rauch, Düsseldorf 2002 (1948)

Schwarz, Cornelia und Stephan: *Richtig gut rüberkommen. Wie Sie empathisch und erfolgreich kommunizieren. Mit Praxisübungen,* dtv, München 2018

–, *Schluss mit Psychospielchen,* dtv, München 2018

Schwarz, Stephan: *Es ist noch kein Meister in den Himmel gefallen. Gebrauchsanleitung für das letzte Lebensdrittel,* Scorpio, München 2021

Sheldrake, Rupert: *Die Theorie des morphogenetischen Feldes,* Ullstein, Frankfurt am Main/Berlin 1983/Neuauflage 2009 (Original: *A New Science of Life,* 1981)

The Matrix, blaue oder rote Pille: siehe zum Beispiel https://www.youtube.com/watch?v=TAI4rZweU6 s, abgerufen am 14.12.2021

Turner, Tina: *Happiness. Mein spiritueller Weg,* Droemer Knaur, München 2020

Varela, Francisco, et al.: *Der mittlere Weg der Erkenntnis. Die Beziehung von Ich und Welt in der Kognitionswissenschaft. Der Brückenschlag zwischen wissenschaftlicher Theorie und menschlicher Erfahrung,* Goldmann, München 1995

Watzlawick, Paul: »Die Axiome von Paul Watzlawick«, https://www.paulwatzlawick.de/axiome.html, abgerufen am 13.12.2021

Yongey Mingyur Rinpoche: *Buddha und die Wissenschaft vom Glück. Ein tibetischer Meister zeigt, wie Meditation den Körper und das Bewusstsein verändert,* Goldmann, München 2007

DIE AUTORIN – DER AUTOR

Weiterführende Informationen über Cornelia Schwarz und Stephan Schwarz sowie die Leadership Akademie finden Sie unter:

www.schwarzschwarz.com

Facebook: Cornelia Audrey Schwarz
Stephan Schwarz

Instagram: corneliaaudreyschwarz
stephan.schwarz.359

Tina Turner

HAPPINESS

Mein spiritueller Weg

Tina Turner berichtet erstmals von ihrem Leben jenseits der Popwelt. Sie teilt ihre spirituellen Erfahrungen und Erkenntnisse, schildert ihre erste Begegnung mit dem Buddhismus und welch einzigartige Wirkung dieses Erlebnis auf sie hatte. Sie beschreibt ihre Meditationspraxis, die tiefe Kraft des Chanten und ihren persönlichen Weg zum Glück.

Mithilfe ihres Glaubens war es ihr möglich, die vielen schwierigen Situationen ihres Lebens zu meistern.

Ihre Botschaft lautet: »Auch in den dunkelsten Zeiten hast du es in der Hand, deinem Leben eine gute Richtung zu geben.«

„Wir lernen eine neue, unglaublich beeindruckende
und sehr persönliche Seite von Tina Turner kennen.
Voller Weisheit und Tiefe!"

– *tv Hören und Sehen*

KNAUR
BALANCE

Thich Nhat Hanh

WIE SIDDHARTHA ZUM BUDDHA WURDE

Eine Einführung in den Buddhismus

»Die Menschen sagen, der Buddha sei gestorben, doch der Mönch sah, dass der Buddha gegenwärtiger war als je zuvor. Und er erkannte, dass das Werk des Buddha fortgesetzt wird, indem man alle Dinge mit Bewusstheit betrachtet, friedvolle Schritte macht und voller Mitgefühl lächelt, so wie der Buddha dies getan hatte.«

Der bekannte Zen-Meister erzählt in diesem Standardwerk zum Buddhismus die Lebensgeschichte Siddhartha Gautamas, des historischen Buddha. Dabei zeigt er ihn nicht als mythisches, übernatürliches Wesen, sondern als einen Menschen, der uns nahe ist, der uns berührt und sein volles Potenzial verwirklicht.

Thich Nhat Hanh verwebt die romanhaft erzählte Biografie mit einer Einführung in die buddhistische Geisteswelt und vermittelt in verständlicher Form die wichtigsten Weisheitslehren des Buddhismus.

O.W. BARTH